ふんわり、しっとり！ アップサイドダウンやデコレーションも
バットでつくる スクエアシフォンケーキ

吉川文子

Introduction

ふんわり、しっとりとした食感に魅了され、
「一度は作ってみたい！」と思うのがシフォンケーキ。

背の高いシフォン型で、美しく焼き上がったシフォンは、みんなの憧れですが、
冷ます間中、ちゃんと焼けたかどうかドキドキ、ハラハラさせられますし、
型から取り出す際には、細心の注意を払わなくてはなりません。

時にはなぜか、上がくぼんでしまったり、
中に大穴が空いていてガッカリ、なんていうことも……。
おまけに型を洗うのも大変で、収納場所にも困るなぁ……。

これらはすべて、私がシフォン型でケーキを焼いていた時に直面したことのある悩みです。
そんな悩みをすべて解決したのが、この本でご紹介するスクエアシフォンケーキです。

身近にあるバットで作るシフォンケーキは、ふわふわ、しっとりとした食感はそのままに、
フォークで押しても跳ね返すような弾力と、食べ応えもあるのが特徴です。

シフォンケーキは軽すぎて物足りない……。
そう思っていた方々にも、きっと満足していただけると思います。
トッピングやデコレーションは自由自在、アップサイドダウンケーキも楽しめます。

バットでシフォンケーキを作るようになってから、
あまりの手軽さに、シフォン型にはもどれなくなってしまいました。

誰でも失敗なく作れるシフォンケーキを、ぜひ、ご家庭で試してみてください。

　　　　吉川 文子

contents

Mix, Put on

chapter 1
混ぜる、のせる

- 3 はじめに
- 6 この本で作る スクエアシフォンケーキの特長
- 8 材料のこと
- 9 道具のこと
- 10 基本のバニラスクエアシフォン 生地の作り方

- 13 ブルーベリーグラノーラシフォン
- 16 メープルバナナシフォン
- 18 ヘーゼルナッツとオレンジチョコシフォン
- 20 シナモンロール風シフォン
- 22 黒糖とマンゴー・ココナッツシフォン
- 24 アールグレイのスモア
- 25 スモア
- 28 塩キャラメルアーモンドシフォン
- 30 メープルナッツシフォン
- 32 レモンとラズベリーシフォン
- 34 赤パプリカシフォン
- 36 トマトとオレンジシフォン
- 38 かぼちゃシフォン
- 40 マロンシフォン
- 42 カフェモカシフォン
- 44 抹茶とほうじ茶シフォン
- 45 みたらし胡桃シフォン
- 48 ピーナッツ味噌シフォン
- 50 日本酒と甘納豆シフォン

Upside Down

chapter 2
アップサイドダウン

- 55　オレンジ・アップサイドダウン
- 58　ポワールキャラメルシフォン
- 60　ホワイトチョコとクランベリーシフォン
- 62　パイナップルとコーンミールシフォン
- 64　フロランタン
- 66　タタン風バナナシフォン
- 68　サバラン風シフォン
- 70　アップルメープルシフォン
- 72　クレームブリュレシフォン
- 74　小豆ときな粉シフォン

column
リッチな生地を楽しむ

- 76　ガトーショコラ
- 76　抹茶ガトーショコラ
- 77　ライトフィナンシェ
- 77　ザッハトルテ

Decoration

chapter 3
デコレーション

- 83　フォレノワール
- 86　キャロットアプリコットシフォン
- 88　ウィークエンド
- 89　レモンケーキ
- 92　マシュマロジャムサンド
- 94　ラムレーズンシフォンのキャラメルりんごソース

本書の約束ごと

- より正確な計量を行うため、この本では牛乳などの液体もグラムで表記しました。
- 大さじ1＝15㎖、小さじ1＝5㎖です。
- オーブンの温度と焼き時間は目安です。ご自宅の機種に合わせて、様子をみながら調整してください。
- 電子レンジは600Wのものを使用しています。特に記載のない場合、ラップは不要です。
- 電子レンジ一体型のオーブンを使用する場合、オーブンの予熱を設定する前に、電子レンジを使う工程を済ませてください。

この本で作る
スクエアシフォンケーキの特長

1

シフォン型は不要！
バットひとつでいつでも作れます

● 洗うのが面倒で収納しづらいシフォン型を使わず、家庭にあるバットで手軽に作れます。生地の取り出し、片付けともにスムーズ。

● 本書ではステンレス製のバットを使用していますが、琺瑯製のものも同様に使えます。

● 高さのあまりないバットを使うことで、背の高いシフォン型に比べ、失敗する心配なく焼き上げられます。また、スピーディーに生地の粗熱を取ることができます。

2

シンプルなレシピで
シフォン作りがより手軽に

● 従来のシフォンケーキは、卵黄生地を作る際、ひとつひとつの材料を入れては混ぜる工程を繰り返しますが、スクエアシフォンケーキのレシピは、材料を順番に入れて泡立て器ですり混ぜるだけとシンプルです。

● 従来のシフォンケーキは、メレンゲを立てる際、卵白にグラニュー糖を何度かに分けて加えますが、このレシピなら卵白にグラニュー糖を一度に加えてあとはハンドミキサーで混ぜるだけ。メレンゲの分量は、ガトーショコラ（p.78）以外は全て共通です。

3

生地にボリューム感があり
しっとりとして食べ応えも充分

● 従来のシフォンケーキに比べて粉の量が多く、シフォンケーキとスポンジケーキの中間のような、ふかふかとした弾力と食べ応えが特徴。卵黄生地をよくすり混ぜて乳化させるのがポイントです。

● メレンゲは冷やした卵白を使い、角がピンと立つまでしっかり立てることで、きめ細かいシフォン生地となり、しっとりとした口当たりになります。また、ふんわり感も保ち、つぶれにくい生地に。食後感も軽やかです。

4

アレンジの
バリエーションが豊富

● 従来のように、焼き上がった生地を逆さにして冷ます必要がないので、さまざまなトッピングが楽しめます。

● 生地がしっかりしているので、アップサイドダウンケーキのように生地にフルーツなどをのせるアレンジに最適。冷ます時間も短いので、その後のデコレーションもスムーズに。

保存もOK
食べきれない分は、冷凍保存がおすすめ。切り分けてラップに包み、保存袋に入れて冷凍庫で2週間ほど保存可能。「混ぜる、のせる」「アップサイドダウン」は、室温で自然解凍。「デコレーション」は、冷蔵庫内で解凍します（クリームを使用したレシピもすべて冷凍できます）。

About ingredients

材料のこと

A 薄力粉
軽くふんわりとした食感に仕上がる、特宝笠を使用していますが、手に入りやすいものでOK。

B グラニュー糖
メレンゲやキャラメルソースには、溶けやすいグラニュー糖が適しています。風味豊かに仕上がる、きび砂糖も使用しています。

C 卵
Mサイズ（1個 卵黄 約20g、卵白 約35g）を使用。

D 植物油
サラダ油や太白ごま油など、くせのない、入手しやすいものでOK。なたね油でも。

E ベーキングパウダー
アルミニウムフリーを使います。

F ジャム
ブルーベリーグラノーラシフォン（p.13～15参照）などで生地に混ぜたり、オレンジ・アップサイドダウン（p.55～57参照）などでバットの底に流したりして使います。

G マシュマロ
アールグレイのスモアとスモア（p.24～27参照）には直径1cmのミニマシュマロを、マシュマロジャムサンド（p.92～93参照）には直径2cmのマシュマロを使用しています。

H バニラオイル

I メープルシロップ

About kitchenware

道具のこと

A バット
この本では、縦21×横17×高さ3cmのサイズを使用。ステンレス製を使っていますが、琺瑯製でも問題ありません。

B はかり
本書は、液体もgで表記しています。1g単位で計量できるデジタルタイプなら、失敗のない仕上がりに。

C ボウル
卵黄生地用には直径18cm、メレンゲ用には直径13〜15cmくらいの大きさで、深さがあるものがよい。

D ハンドミキサー
シフォン生地のメレンゲ作りに必須です。

E 泡立て器
全長23〜27cm程度で、ワイヤーのしっかりしたものを選ぶとよい。

F ふるい
目の細かい、持ち手付きのざるがおすすめ。

G ゴムベラ

H オーブンシート

I 計量スプーン

J 計量カップ

K ケーキクーラー

Basis:
vanilla square chiffon cake

基本の
バニラスクエアシフォン生地
の作り方

材料〔21×17×3cmのバット1台分〕

A
- 卵黄 …… 2個分
- 植物油 …… 25g
- 水 …… 30g
- グラニュー糖 …… 45g
- バニラオイル …… 少々

［メレンゲ］
- 卵白 …… 2個分
- グラニュー糖 …… 20g

B
- 薄力粉 …… 70g
- ベーキングパウダー …… 小さじ1/2

バットに敷くオーブンシートのサイズ

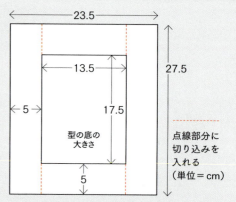

点線部分に切り込みを入れる
（単位＝cm）

＊ アップサイドダウンのレシピには、オーブンシートに切り込みを入れずに使うものがあります。キャラメルソースなどの汁が流れ出てしまわないよう、点線部分の切り込みを入れず、バットに敷きます。

下準備
- 卵白は冷蔵庫でよく冷やしておく。使うボウルごと冷やすとなおよい。
- Bを合わせてふるう。
- バットに切り込みを入れたオーブンシート（右上図）を、バットの高さより2cmほど高くなるように敷く。
- オーブンを180℃に予熱する。

1

卵黄生地を作る

ボウルにAを順に入れ、すぐに泡立て器でよくすり混ぜて乳化させる。卵黄とグラニュー糖が直接ふれると結晶化してしまい、砂糖が溶けにくくなるので、Aは順に加え、すぐに泡立て器でよくすり混ぜること。

2

メレンゲを作る

別のボウルに冷やした卵白を入れてグラニュー糖を一度に加え、ハンドミキサーの高速で角がピンと立つまで撹拌する。ボウルを傾けたとき、側面からずるずると落ちないくらいが目安。

3

卵黄生地に粉を加える

1にBの半量を加え、泡立て器をまっすぐに立てて、混ぜる方向と反対にボウルを回しながら手早く混ぜる。

4

メレンゲを加える

2を半量加え、泡立て器で底からすくい返すようにして、メレンゲが完全に混ざりきらない程度に混ぜる。

5

粉けが少し残る程度まで混ぜる

4に残りのBを加え、ゴムベラに替えて、粉けが少し残る程度まで混ぜる。残りの2を加えて底からすくい返すようにしてむらなく混ぜる。

6

焼く

バットに5の生地を流し入れ、ゴムベラで生地の表面をならす。この時、中心から対角線状に筋を入れると、火の入り具合と膨らみ方が均等になる。10cmくらいの低い位置から台の上にバットを3〜4回落として中の空気を抜き、180℃のオーブンで23〜25分焼く。

7

バットから取り出して完成

焼き上がったら、バットごと10cmくらいの低い位置から台に落とし、焼き縮みを防ぐ。オーブンシートごとバットから取り出し、ケーキクーラーに移す。

---

point

- 焼成後に生地の表面が沈むのを防ぐため、メレンゲは角がピンと立つまでしっかりと立てるのがポイント。
- 従来のシフォン生地より粉の量が多いため、粉とメレンゲを2回に分けて加えます。メレンゲをつぶさないよう、ボウルの底からゴムベラですくい返すようにむらなく混ぜると、ふんわり感を保ち、つぶれにくい生地になります。

Mix, Put on

chapter 1

混ぜる、のせる

トッピングを自在に楽しめるのが魅力のスクエアシフォンケーキは、
身近な材料で、混ぜる、のせる、フレーバーをつけられるのがメリットです。
従来のシフォンのように、焼き上がりを逆さにして冷ます必要がないので、
たっぷりのトッピングができて、見た目や味に変化をつけられるのも嬉しい。
多彩なバリエーションが楽しめる19レシピをご紹介します。

How to make "Blueberry & granola chiffon cake"

Blueberry & granola chiffon cake
Maple banana chiffon cake
Orange & chocolate chiffon cake with hazelnut
Cinnamon roll style chiffon cake
Brown sugar & mango coconut chiffon cake
Earl Grey s'mores chiffon cake
Double chocolate s'mores chiffon cake
Salted caramel chiffon cake with almonds
Maple & nuts chiffon cake
Lemon raspberry chiffon cake

Paprika chiffon cake
Tomato with orange marmalade chiffon cake
Pumpkin chiffon cake
Chestnut chiffon cake
Mocha chiffon cake
Matcha & hojicha marble chiffon cake
Walnut sweet soy sauce chiffon cake
Peanut butter & miso chiffon cake
Red sweet beans & sake flavored chiffon cake

How to make
"Blueberry & granola chiffon cake"

How to make
"Blueberry & granola chiffon cake"

ブルーベリーグラノーラ
シフォン

ブルーベリージャムとレモンの酸味を利かせた生地に、
カリッと弾けるグラノーラの食感も楽しい。
マーブル生地は、ジャムを加えてから混ぜすぎないのがコツ。

（完成写真はp.13）

1

ボウルにAを順に入れ、すぐに泡立て器でよくすり混ぜて乳化させる。

2

メレンゲを作る。別のボウルに冷やした卵白を入れてグラニュー糖を一度に加え、ハンドミキサーの高速で角がピンと立つまで撹拌する。

3

ブルーベリージャムとレモン果汁を混ぜ合わせる。1にBの半量を加え、泡立て器をまっすぐに立てて、混ぜる方向と反対にボウルを回しながら手早く混ぜる。2を半量加え、泡立て器で底からすくい返すようにして、メレンゲが完全に混ざりきらない程度に混ぜる。

材料〔21×17×3cmのバット1台分〕

A
- 卵黄 …… 2個分
- 植物油 …… 25g
- 水 …… 25g
- グラニュー糖 …… 40g
- バニラオイル …… 少々

[メレンゲ]
- 卵白 …… 2個分
- グラニュー糖 …… 20g

B
- 薄力粉 …… 70g
- ベーキングパウダー …… 小さじ1/2

- ブルーベリージャム …… 30g
- レモン果汁 …… 小さじ1
- フルーツグラノーラ …… 30g

下準備
- 卵白は冷蔵庫でよく冷やしておく。使うボウルごと冷やすとなおよい。
- Bを合わせてふるう。
- バットに切り込みを入れたオーブンシート（p.10図参照）を敷く。
- オーブンを180℃に予熱する。

4

3の生地に残りのBを加え、ゴムベラに替えて、粉けが少し残る程度まで混ぜる。残りの2を加えて底からすくい返すようにしてむらなく混ぜる。3のブルーベリージャムをスプーンでところどころに落とす。

5

マーブル模様になるよう、ゴムベラで2〜3回軽く混ぜる。バットに生地を流し入れ、ゴムベラで生地の表面をならす。この時、中心から対角線状に筋を入れると、火の入り具合と膨らみ方が均等になる。低い位置から台の上にバットを3〜4回落として中の空気を抜く。

6

表面にフルーツグラノーラをちらし、180℃のオーブンで23〜25分焼く。焼き上がったら、バットごと低い位置から台に落とし、焼き縮みを防ぐ。オーブンシートごとバットから取り出し、ケーキクーラーに移す。

Maple banana chiffon cake

メープルバナナシフォン

熟したバナナを大胆に生地に差し入れ、
ユニークなビジュアルに仕立てたシフォン。
生地にもつぶしたバナナを加えて、
メープルシロップの甘さと香ばしさをアクセントに。

材料〔21×17×3cmのバット1台分〕

- A
  - バナナ …… 1本（正味100g）
  - 卵黄 …… 2個分
  - 植物油 …… 25g
  - きび砂糖 …… 50g
- ［メレンゲ］
  - 卵白 …… 2個分
  - グラニュー糖 …… 20g
- B
  - 薄力粉 …… 75g
  - ベーキングパウダー …… 小さじ1/2
- バナナ（飾り用）…… 大1本（正味130g）
- メープルシロップ …… 30g

下準備

- 卵白は冷蔵庫でよく冷やしておく。使うボウルごと冷やすとなおよい。
- Aのバナナは皮をむき、フォークでなめらかにつぶす。飾り用は4cm長さに切る。
- Bを合わせてふるう。
- バットに切り込みを入れたオーブンシート（p.10図参照）を敷く。
- オーブンを180℃に予熱する。

作り方

1. ボウルにAを順に入れ、すぐに泡立て器でよくすり混ぜて乳化させる。

2. メレンゲを作る。別のボウルに冷やした卵白を入れてグラニュー糖を一度に加え、ハンドミキサーの高速で角がピンと立つまで撹拌する。

3. 1にBの半量を加え、泡立て器をまっすぐに立てて、混ぜる方向と反対にボウルを回しながら手早く混ぜる。2を半量加え、泡立て器で底からすくい返すようにして、メレンゲが完全に混ざりきらない程度に混ぜる。

4. 3に残りのBを加え、ゴムベラに替えて、粉けが少し残る程度まで混ぜる。残りの2を加えて底からすくい返すようにしてむらなく混ぜる。

5. バットに4の生地を流し入れ、ゴムベラで生地の表面をならす。この時、対角線状に筋を入れると、火の入り具合と膨らみ方が均等になる。低い位置から台の上にバットを3〜4回落として中の空気を抜く。飾り用のバナナを生地の底まで差し込み、メープルシロップを回しかける。

6. 180℃のオーブンで25分ほど焼く。焼き上がったら、バットごと低い位置から台に落とし、焼き縮みを防ぐ。オーブンシートごとバットから取り出し、ケーキクーラーに移す。好みでメープルシロップ（分量外）をかける。

ヘーゼルナッツと
オレンジチョコシフォン

相性抜群のオレンジとチョコを生地に忍ばせて、
仕上げにオレンジの皮も纏わせるから、
フレッシュなアロマが引き立ちます。
たっぷりちらしたヘーゼルナッツの食感も楽しい。

材料〔21×17×3cmのバット1台分〕

A ｜ 卵黄 …… 2個分
　　植物油 …… 25g
　　水 …… 30g
　　グラニュー糖 …… 30g

オレンジピール …… 50g

［メレンゲ］
　　卵白 …… 2個分
　　グラニュー糖 …… 20g

B ｜ 薄力粉 …… 60g
　　アーモンドパウダー …… 15g
　　ベーキングパウダー …… 小さじ1/2

板チョコレート（ミルク）…… 30g
ヘーゼルナッツ …… 30g
オレンジの皮 …… 適量

下準備
- 卵白は冷蔵庫でよく冷やしておく。使うボウルごと冷やすとなおよい。
- 板チョコレートは細かく刻む。
- ヘーゼルナッツは半割にする。
- Bを合わせてふるう。
- バットに切り込みを入れたオーブンシート（p.10図参照）を敷く。
- オーブンを180℃に予熱する。

作り方

1　ボウルにAを順に入れ、すぐに泡立て器でよくすり混ぜて乳化させる。

2　メレンゲを作る。別のボウルに冷やした卵白を入れてグラニュー糖を一度に加え、ハンドミキサーの高速で角がピンと立つまで撹拌する。

3　1にBの半量とオレンジピールを加え、泡立て器をまっすぐに立てて、混ぜる方向と反対にボウルを回しながら手早く混ぜる。2を半量加え、泡立て器で底からすくい返すようにして、メレンゲが完全に混ざりきらない程度に混ぜる。

4　3に残りのBを加え、ゴムベラに替えて、粉けが少し残る程度まで混ぜる。残りの2を加えて底からすくい返すようにしてむらなく混ぜる。板チョコレートを加えてさらに混ぜる。

5　バットに4の生地を流し入れ、ゴムベラで生地の表面をならす。この時、対角線状に筋を入れると、火の入り具合と膨らみ方が均等になる。低い位置から台の上にバットを3～4回落として中の空気を抜く。ヘーゼルナッツを表面にちらす。

6　180℃のオーブンで23～25分焼く。焼き上がったら、バットごと低い位置から台に落とし、焼き縮みを防ぐ。オーブンシートごとバットから取り出し、ケーククーラーに移す。オレンジの皮をピーラーでむいて縁に飾る。

シナモンロール風シフォン

シナモンペーストを生地の内外にダブル使いしました。
生地にペーストを加えるときは、混ぜすぎないこと。
きれいなマーブル模様が描けるだけでなく、
そうすることで、シナモンの香りが一層際立ちます。

材料〔21×17×3cmのバット1台分〕

A
- 卵黄 …… 2個分
- 植物油 …… 25g
- 水 …… 30g
- グラニュー糖 …… 40g
- バニラオイル …… 少々

[メレンゲ]
- 卵白 …… 2個分
- グラニュー糖 …… 20g

B
- 薄力粉 …… 70g
- ベーキングパウダー …… 小さじ1/2

[シナモンペースト]
- きび砂糖 …… 30g
- シナモンパウダー …… 小さじ1
- 植物油 …… 10g
- プレーンヨーグルト …… 10g

下準備
- 卵白は冷蔵庫でよく冷やしておく。使うボウルごと冷やすとなおよい。
- Bを合わせてふるう。
- バットに切り込みを入れたオーブンシート(p.10図参照)を敷く。
- オーブンを180℃に予熱する。

作り方

1 ボウルにシナモンペーストの材料を入れてよく混ぜる。

2 別のボウルにAを順に入れ、すぐに泡立て器でよくすり混ぜて乳化させる。

3 メレンゲを作る。別のボウルに冷やした卵白を入れてグラニュー糖を一度に加え、ハンドミキサーの高速で角がピンと立つまで撹拌する。

4 2にBの半量を加え、泡立て器をまっすぐ立てて、混ぜる方向と反対にボウルを回しながら手早く混ぜる。3を半量加え、泡立て器で底からすくい返すようにして、メレンゲが完全に混ざりきらない程度に混ぜる。

5 4に残りのBを加え、ゴムベラに替えて、粉けが少し残る程度まで混ぜる。残りの3を加えて底からすくい返すようにしてむらなく混ぜる。1を1/3量残して加え、マーブル模様になるよう、ゴムベラで2～3回軽く混ぜる。

6 バットに5の生地を流し入れ、ゴムベラで生地の表面をならす。この時、対角線状に筋を入れると、火の入り具合と膨らみ方が均等になる。低い位置から台の上にバットを3～4回落として中の空気を抜く。残りの1をゴムベラで表面のところどころに落とし(*a*)、スプーンの背でざっと伸ばす(*b*)。

7 180℃のオーブンで25分ほど焼く。焼き上がったら、バットごと低い位置から台に落とし、焼き縮みを防ぐ。オーブンシートごとバットから取り出し、ケーキクーラーに移す。

a

b

Brown sugar & mango coconut chiffon cake

黒糖とマンゴー・ココナッツシフォン

南国生まれの個性的な3つの素材を組み合わせると、
エキゾチックなテイストに仕上がります。
黒糖の粒のザラリとしたニュアンスも新鮮です。

材料〔21×17×3cmのバット1台分〕

- マンゴー（缶詰）…… 1/2缶
- A
  - 卵黄 …… 2個分
  - 植物油 …… 25g
  - レモン果汁 …… 10g
  - 黒糖 …… 50g
- ［メレンゲ］
  - 卵白 …… 2個分
  - グラニュー糖 …… 20g
- B
  - 薄力粉 …… 70g
  - ベーキングパウダー …… 小さじ1/2
- ココナッツファイン …… 30g

下準備

- 卵白は冷蔵庫でよく冷やしておく。使うボウルごと冷やすとなおよい。
- マンゴーは水けを切る。生地用に80gをフォークでなめらかにつぶす。残りは1cm角に切り、キッチンペーパーで水けを拭き、飾り用に使う。
- Bを合わせてふるう。
- バットに切り込みを入れたオーブンシート（p.10図参照）を敷く。
- オーブンを180℃に予熱する。

作り方

1. ボウルに生地用につぶしたマンゴーとAを順に入れ、すぐに泡立て器でよくすり混ぜて乳化させる。

2. メレンゲを作る。別のボウルに冷やした卵白を入れてグラニュー糖を一度に加え、ハンドミキサーの高速で角がピンと立つまで撹拌する。

3. 1にBの半量を加え、泡立て器をまっすぐ立てて、混ぜる方向と反対にボウルを回しながら手早く混ぜる。2を半量加え、泡立て器で底からすくい返すようにして、メレンゲが完全に混ざりきらない程度に混ぜる。

4. 3に残りのBを加え、ゴムベラに替えて、粉けが少し残る程度まで混ぜる。残りの2を加えて底からすくい返すようにしてむらなく混ぜる。ココナッツファインの2/3量を加えてさらに混ぜる。

5. バットに4の生地を流し入れ、ゴムベラで生地の表面をならす。この時、対角線状に筋を入れると、火の入り具合と膨らみ方が均等になる。低い位置から台の上にバットを3〜4回落として中の空気を抜く。残りのココナッツファインを表面にちらし、角切りにしたマンゴーをのせる。

6. 180℃のオーブンで25分ほど焼く。焼き上がったら、オーブンシートごとバットから取り出し、ケーキクーラーに移す。

Earl Grey s'mores chiffon cake

Double chocolate s'mores chiffon cake

アールグレイのスモア

Earl Grey s'mores chiffon cake

焼きマシュマロとホワイトチョコで、
ふんわり、とろりとしたスモアをアレンジ。
アールグレイ茶葉入りのシフォンから、
ベルガモットが可憐に香ります。

材料〔21×17×3cmのバット1台分〕

A
- 卵黄 …… 2個分
- 植物油 …… 25g
- 牛乳 …… 40g
- グラニュー糖 …… 40g

［メレンゲ］
- 卵白 …… 2個分
- グラニュー糖 …… 20g

B
- 薄力粉 …… 70g
- ベーキングパウダー …… 小さじ1/2
- アールグレイ茶葉（ティーバッグ）…… 1袋

板チョコレート（ホワイト）…… 30g
マシュマロ（小）…… 20g

下準備
- 卵白は冷蔵庫でよく冷やしておく。使うボウルごと冷やすとなおよい。
- 板チョコレートは粗く刻む。
- Bの薄力粉とベーキングパウダーを合わせてふるい、茶葉を袋から出して加えて混ぜる。
- バットに切り込みを入れたオーブンシート（p.10図参照）を敷く。
- オーブンを180℃に予熱する。

作り方

1. ボウルにAを順に入れ、すぐに泡立て器でよくすり混ぜて乳化させる。

2. メレンゲを作る。別のボウルに冷やした卵白を入れてグラニュー糖を一度に加え、ハンドミキサーの高速で角がピンと立つまで撹拌する。

3. 1にBの半量を加え、泡立て器をまっすぐに立てて、混ぜる方向と反対にボウルを回しながら手早く混ぜる。2の半量を加え、泡立て器で底からすくい返すようにして、メレンゲが完全に混ざりきらない程度に混ぜる。

4. 3に残りのBを加え、ゴムベラに替えて、粉けが少し残る程度まで混ぜる。残りの2を加えて底からすくい返すようにしてむらなく混ぜる。

5. バットに4の生地を流し入れ、ゴムベラで生地の表面をならす。この時、対角線状に筋を入れると、火の入り具合と膨らみ方が均等になる。低い位置から台の上にバットを3〜4回落として中の空気を抜く。板チョコレートとマシュマロをのせる。

6. 180℃のオーブンで23〜25分焼く。焼き上がったら、バットごと低い位置から台に落とし、焼き縮みを防ぐ。オーブンシートごとバットから取り出し、ケーキクーラーに移す。

スモア

ふわりと甘いココアの風味豊かな生地に
チョコとマシュマロをトッピング。
熱々のマシュマロがサクッ、
チョコがとろりと溶け出す焼きたてをどうぞ。

材料〔21×17×3cmのバット1台分〕

A
- グラニュー糖 …… 50g
- ココアパウダー …… 20g
- 植物油 …… 20g
- 水 …… 30g
- 卵黄 …… 2個分
- バニラオイル …… 少々

[メレンゲ]
- 卵白 …… 2個分
- グラニュー糖 …… 20g

B
- 薄力粉 …… 50g
- ベーキングパウダー …… 小さじ1/2

板チョコレート(ブラック) …… 30g
マシュマロ(小) …… 20g

下準備

- 卵白は冷蔵庫でよく冷やしておく。使うボウルごと冷やすとなおよい。
- 板チョコレートは手で細かく割る。
- ココアパウダーをふるう。
- Bを合わせてふるう。
- バットに切り込みを入れたオーブンシート(p.10図参照)を敷く。
- オーブンを180℃に予熱する。

作り方

1. ボウルにAのグラニュー糖とココアパウダーを入れ、泡立て器でよく混ぜる。残りのAを加え、すぐに泡立て器でよくすり混ぜて乳化させる。

2. メレンゲを作る。別のボウルに冷やした卵白を入れてグラニュー糖を一度に加え、ハンドミキサーの高速で角がピンと立つまで撹拌する。

3. 1に2の半量を加え、泡立て器で手早く混ぜる。Bの半量を加え、ゴムベラに替えて、底からすくい返すようにしてざっと混ぜ、残りを加えて粉けが少し残る程度まで混ぜる。残りの2を加えて底からすくい返すようにしてむらなく混ぜる。

4. バットに3の生地を流し入れ、ゴムベラで生地の表面をならす。この時、対角線状に筋を入れると、火の入り具合と膨らみ方が均等になる。低い位置から台の上にバットを3〜4回落として空気を抜く。板チョコレートとマシュマロをのせる。

5. 180℃のオーブンで23〜25分焼く。焼き上がったら、バットごと低い位置から台に落とし、焼き縮みを防ぐ。オーブンシートごとバットから取り出し、ケーキクーラーに移す。

Salted caramel chiffon cake with almonds

塩キャラメル
アーモンドシフォン

ほどよく塩を利かせたキャラメルは、コクがあって、
癖になるおいしさ。キャラメルソースは、
密閉容器に入れれば、常温で1ヶ月ほど保存可能。
多めに作って保存しておけば、あとはシフォンを焼くだけ。

材料〔21×17×3cmのバット1台分〕

A
- 卵黄 …… 2個分
- 植物油 …… 20g
- キャラメルソース* …… 50g
- 水 …… 10g
- きび砂糖 …… 15g
- 塩 …… 小さじ1/2

［メレンゲ］
- 卵白 …… 2個分
- グラニュー糖 …… 20g

B
- 薄力粉 …… 70g
- シナモンパウダー …… 少々
- ベーキングパウダー …… 小さじ1/2

スライスアーモンド …… 20g

［キャラメルソース*］
- グラニュー糖 …… 100g
- 熱湯 …… 50g

下準備
- 卵白は冷蔵庫でよく冷やしておく。使うボウルごと冷やすとなおよい。
- Bを合わせてふるう。
- バットに切り込みを入れたオーブンシート（p.10図参照）を敷く。
- オーブンを180℃に予熱する。

a

b

作り方

1 キャラメルソースを作る。鍋にグラニュー糖を入れて中火にかけ、鍋を回してグラニュー糖を溶かしながら、濃い茶色になるまで焦がす（*a*）。細かい泡が大きくなったら火を止め、分量の熱湯を少しずつ加え、鍋を揺すってなじませる。ぬらした布巾の上に鍋を置いて粗熱を取り（*b*）、Aの生地用に50gを取り分ける。

2 ボウルにAを順に入れ、すぐに泡立て器でよくすり混ぜて乳化させる。

3 メレンゲを作る。別のボウルに冷やした卵白を入れてグラニュー糖を一度に加え、ハンドミキサーの高速で角がピンと立つまで撹拌する。

4 2にBの半量を加え、泡立て器をまっすぐに立てて、混ぜる方向と反対にボウルを回しながら手早く混ぜる。3を半量加え、泡立て器で底からすくい返すようにして、メレンゲが完全に混ざりきらない程度に混ぜる。

5 4に残りのBを加え、ゴムベラに替えて、粉けが少し残る程度まで混ぜる。残りの3を加えて底からすくい返すようにしてむらなく混ぜる。

6 バットに5の生地を流し入れ、ゴムベラで生地の表面をならす。この時、対角線状に筋を入れると、火の入り具合と膨らみ方が均等になる。低い位置から台の上にバットを3〜4回落として中の空気を抜く。スライスアーモンドを表面にちらす。

7 180℃のオーブンで23〜25分焼く。焼き上がったら、バットごと低い位置から台に落とし、焼き縮みを防ぐ。オーブンシートごとバットから取り出し、ケーキクーラーに移す。好みでキャラメルソースをかけて食べる。

メープルナッツシフォン

Maple & nuts chiffon cake

くるみ、ピーカンナッツ、アーモンドを
カリッとローストし、メープルシロップをからめ、
ナッティーな香りをより引き立たせます。
メープルシロップを使った生地は、しっとりふかふかに。

材料〔21×17×3cmのバット1台分〕

A
- 卵黄 …… 2個分
- メープルシロップ …… 70g
- 植物油 …… 25g
- メープルオイル …… 少々

[メレンゲ]
- 卵白 …… 2個分
- グラニュー糖 …… 20g

B
- 薄力粉 …… 75g
- ベーキングパウダー …… 小さじ1/2

[メープルナッツ]
- くるみ、ピーカンナッツ、アーモンド …… 合わせて50g
- メープルシロップ …… 大さじ1
- 塩 …… ひとつまみ

下準備
- 卵白は冷蔵庫でよく冷やしておく。使うボウルごと冷やすとなおよい。
- ナッツ類はローストして粗く刻む。
- Bを合わせてふるう。
- バットに切り込みを入れたオーブンシート(p.10図参照)を敷く。
- オーブンを180℃に予熱する。

作り方

1 ボウルにメープルナッツの材料を入れてよくからめておく(*a*)。

2 別のボウルにAを順に入れ、すぐに泡立て器でよくすり混ぜて乳化させる。

3 メレンゲを作る。別のボウルに冷やした卵白を入れてグラニュー糖を一度に加え、ハンドミキサーの高速で角がピンと立つまで撹拌する。

4 2にBの半量を加え、泡立て器をまっすぐに立てて、混ぜる方向と反対にボウルを回しながら手早く混ぜる。3を半量加え、泡立て器で底からすくい返すようにして、メレンゲが完全に混ざりきらない程度に混ぜる。

5 4に残りのBを加え、ゴムベラに替えて、粉けが少し残る程度まで混ぜる。残りの3を加えて底からすくい返すようにしてむらなく混ぜる。

6 バットに5の生地を流し入れ、ゴムベラで生地の表面をならす。この時、対角線状に筋を入れると、火の入り具合と膨らみ方が均等になる。低い位置から台の上にバットを3〜4回落として中の空気を抜く。1を表面にちらす。

7 180℃のオーブンで23〜25分焼く。焼き上がったら、バットごと低い位置から台に落とし、焼き縮みを防ぐ。オーブンシートごとバットから取り出し、ケーキクーラーに移す。

a

Lemon raspberry chiffon cake

レモンと
ラズベリーシフォン

レモンがさわやかに香るシフォン生地は、
ヨーグルトの効果で、よりしっとりとした仕上がりに。
粉糖をふって焼くことで、シャリッとした食感が加わります。
具を好みのものに替えるなど、さまざまに応用が可能。

材料〔21×17×3cmのバット1台分〕

A
- 卵黄 …… 2個分
- 植物油 …… 25g
- プレーンヨーグルト …… 20g
- レモン果汁 …… 20g
- レモンの皮のすりおろし …… 1/2個分
- グラニュー糖 …… 50g

［メレンゲ］
- 卵白 …… 2個分
- グラニュー糖 …… 20g

B
- 薄力粉 …… 70g
- ベーキングパウダー …… 小さじ1/2

ラズベリー（生または冷凍）…… 150g
粉糖 …… 適量

下準備
- 卵白は冷蔵庫でよく冷やしておく。使うボウルごと冷やすとなおよい。
- Bを合わせてふるう。
- バットに切り込みを入れたオーブンシート（p.10図参照）を敷く。
- オーブンを180℃に予熱する。

作り方

1. ボウルにAを順に入れ、すぐに泡立て器でよくすり混ぜて乳化させる。

2. メレンゲを作る。別のボウルに冷やした卵白を入れてグラニュー糖を一度に加え、ハンドミキサーの高速で角がピンと立つまで撹拌する。

3. 1にBの半量を加え、泡立て器をまっすぐに立てて、混ぜる方向と反対にボウルを回しながら手早く混ぜる。2を半量加え、泡立て器で底からすくい返すようにして、メレンゲが完全に混ざりきらない程度に混ぜる。

4. 3に残りのBを加え、ゴムベラに替えて、粉けが少し残る程度まで混ぜる。残りの2を加えて底からすくい返すようにしてむらなく混ぜる。ラズベリー（冷凍なら凍ったまま）の1/2量を加えてさっと混ぜる。

5. バットに4の生地を流し入れ、ゴムベラで生地の表面をならす。この時、対角線状に筋を入れると、火の入り具合と膨らみ方が均等になる。低い位置から台の上にバットを3～4回落として中の空気を抜く。粉糖を表面に茶漉しでふるい、残りのラズベリー（冷凍なら凍ったまま）をのせる。

6. 180℃のオーブンで30分ほど焼く。焼き上がったら、バットごと低い位置から台に落とし、焼き縮みを防ぐ。オーブンシートごとバットから取り出し、ケーキクーラーに移す。

赤パプリカシフォン

Paprika chiffon cake

パプリカは皮が黒くなるまで焼き、甘さを凝縮。
ピュレ状にして生地に混ぜ込みます。
スパイシーなアクセントにパプリカパウダーをふれば、
ワインなど、お酒のお供にも。

<u>材料</u>〔21×17×3cmのバット1台分〕

赤パプリカ …… 1個
A
- 卵黄 …… 2個分
- 植物油 …… 25g
- プレーンヨーグルト …… 15g
- レモン果汁 …… 10g
- グラニュー糖 …… 30g
- パプリカパウダー …… 小さじ1

[メレンゲ]
- 卵白 …… 2個分
- グラニュー糖 …… 20g

B
- 薄力粉 …… 70g
- ベーキングパウダー …… 小さじ1

パプリカパウダー、セルフィーユ …… 各適量

<u>下準備</u>

- 卵白は冷蔵庫でよく冷やしておく。使うボウルごと冷やすとなおよい。
- パプリカは半割にして種とへたを除き、皮にところどころ焼き目が付くまでトースターで10分ほど焼く。ポリ袋に入れて5分おき、薄皮をむく（*a*）。
- Bを合わせてふるう。
- バットに切り込みを入れたオーブンシート（p.10図参照）を敷く。
- オーブンを180℃に予熱する。

<u>作り方</u>

1 焼いて皮をむいたパプリカとAをミキサーで撹拌してピュレ状にし、ボウルに移す。

2 メレンゲを作る。別のボウルに冷やした卵白を入れてグラニュー糖を一度に加え、ハンドミキサーの高速で角がピンと立つまで撹拌する。

3 1にBの半量を加え、泡立て器をまっすぐに立てて、混ぜる方向と反対にボウルを回しながら手早く混ぜる。2を半量加え、泡立て器で底からすくい返すようにして、メレンゲが完全に混ざりきらない程度に混ぜる。

4 3に残りのBを加え、ゴムベラに替えて、粉けが少し残る程度まで混ぜる。残りの2を加えて底からすくい返すようにしてむらなく混ぜる。

5 バットに4の生地を流し入れ、ゴムベラで生地の表面をならす。この時、対角線状に筋を入れると、火の入り具合と膨らみ方が均等になる。低い位置から台の上にバットを3〜4回落として中の空気を抜く。

6 180℃のオーブンで25分ほど焼く。焼き上がったら、バットごと低い位置から台に落とし、焼き縮みを防ぐ。オーブンシートごとバットから取り出し、ケーキクーラーに移す。粗熱が取れたらオーブンシートを静かにはがす。仕上げにパプリカパウダーをふり、セルフィーユをあしらう。

a

Tomato with orange marmalade chiffon cake

トマトとオレンジシフォン

トマトジュースとマーマレードを混ぜた生地に、
オレンジスライスを大胆にトッピング。
清涼感のあるバジル、黒こしょうが味を引き締めます。

材料〔21×17×3cmのバット1台分〕

A
- 卵黄 …… 2個分
- 植物油 …… 25g
- トマトジュース …… 50g
- オレンジマーマレード …… 50g
- グラニュー糖 …… 30g
- 塩 …… ひとつまみ
  （有塩のトマトジュースを使用する場合は不要）
- 乾燥バジル …… 小さじ1
- 粗挽き黒こしょう …… 小さじ1/4
- オレンジの皮（すりおろし）…… 1/3個分

［メレンゲ］
- 卵白 …… 2個分
- グラニュー糖 …… 20g

B
- 薄力粉 …… 70g
- ベーキングパウダー …… 小さじ1

オレンジ …… 3枚分（3mm厚さスライス）

C
- オレンジマーマレード …… 大さじ2
- オレンジ果汁 …… 小さじ1

バジルの葉 …… 適量

下準備
- 卵白は冷蔵庫でよく冷やしておく。使うボウルごと冷やすとなおよい。
- オレンジスライスはキッチンペーパーで水けを拭く。
- Bを合わせてふるう。
- Cを混ぜ合わせておく。
- バットに切り込みを入れたオーブンシート（p.10図参照）を敷く。
- オーブンを180℃に予熱する。

作り方

1. ボウルにAを順に入れ、すぐに泡立て器でよくすり混ぜて乳化させる。

2. メレンゲを作る。別のボウルに冷やした卵白を入れてグラニュー糖を一度に加え、ハンドミキサーの高速で角がピンと立つまで撹拌する。

3. 1にBの半量を加え、泡立て器をまっすぐに立てて、混ぜる方向と反対にボウルを回しながら手早く混ぜる。2を半量加え、泡立て器で底からすくい返すようにして、メレンゲが完全に混ざりきらない程度に混ぜる。

4. 3に残りのBを加え、ゴムベラに替えて、粉けが少し残る程度まで混ぜる。残りの2を加えて底からすくい返すようにしてむらなく混ぜる。

5. バットに4の生地を流し入れ、ゴムベラで生地の表面をならす。この時、対角線状に筋を入れると、火の入り具合と膨らみ方が均等になる。低い位置から台の上にバットを3〜4回落として中の空気を抜く。表面にオレンジスライスをのせ、その上にCをスプーンで塗る。

6. 180℃のオーブンで25〜28分焼く。焼き上がったら、バットごと低い位置から台に落とし、焼き縮みを防ぐ。オーブンシートごとバットから取り出し、ケーキクーラーに移して粗熱を取る。仕上げにバジルの葉をあしらう。

Pumpkin chiffon cake

かぼちゃシフォン

かぼちゃペーストを混ぜ込んだ、
色鮮やかな生地がいかにもおいしそう。
シナモンパウダーを使用していますが、
カルダモンやジンジャーパウダーに変えても美味。

材料〔21×17×3cmのバット1台分〕

A
- かぼちゃペースト（下準備を参照）…… 100g
- 卵黄 …… 2個分
- 植物油 …… 25g
- プレーンヨーグルト …… 25g
- きび砂糖 …… 75g

［メレンゲ］
- 卵白 …… 2個分
- グラニュー糖 …… 20g

B
- 薄力粉 …… 75g
- ベーキングパウダー …… 小さじ1/2
- シナモンパウダー …… 小さじ1/4

かぼちゃの種 …… 適量

下準備

- 卵白は冷蔵庫でよく冷やしておく。使うボウルごと冷やすとなおよい。
- かぼちゃペーストを作る。
  かぼちゃ約200gは種とわたを除き、4～5cm角に切り、水にくぐらせる。耐熱皿にのせてラップをかぶせ、電子レンジで3分ほど、やわらかくなるまで加熱する。皮を除いて、フォークの背でつぶしてなめらかにする。計量して100gを使用する。
- Bを合わせてふるう。
- バットに切り込みを入れたオーブンシート（p.10図参照）を敷く。
- オーブンを180℃に予熱する。

作り方

1. ボウルにAを順に入れ、すぐに泡立て器でよくすり混ぜて乳化させる。

2. メレンゲを作る。別のボウルに冷やした卵白を入れてグラニュー糖を一度に加え、ハンドミキサーの高速で角がピンと立つまで撹拌する。

3. 1にBの半量を加え、泡立て器をまっすぐに立てて、混ぜる方向と反対にボウルを回しながら手早く混ぜる。2を半量加え、泡立て器で底からすくい返すようにして、メレンゲが完全に混ざりきらない程度に混ぜる。

4. 3に残りのBを加え、ゴムベラに替えて、粉けが少し残る程度まで混ぜる。残りの2を加えて底からすくい返すようにしてむらなく混ぜる。

5. バットに4の生地を流し入れ、ゴムベラで生地の表面をならす。この時、対角線状に筋を入れると、火の入り具合と膨らみ方が均等になる。低い位置から台の上にバットを3～4回落として中の空気を抜く。かぼちゃの種を表面にちらす。

6. 180℃のオーブンで25分ほど焼く。焼き上がったら、バットごと低い位置から台に落とし、焼き縮みを防ぐ。オーブンシートごとバットから取り出し、ケーキクーラーに移す。

Chestnut chiffon cake

マロンシフォン

生地の中とトッピングの両方に、
マロンをふんだんに使ったリッチさと、
ノンオイルとは思えない、しっとりした口当たりも魅力。
ふくよかなラム酒の香りが味の引き立て役に。

材料〔21×17×3cmのバット1台分〕

A
- 卵黄 …… 2個分
- マロンクリーム（市販品）…… 100g
- 牛乳 …… 20g
- ラム酒 …… 小さじ1

[メレンゲ]
- 卵白 …… 2個分
- グラニュー糖 …… 20g

B
- 薄力粉 …… 40g
- ベーキングパウダー …… 小さじ2/3

栗の渋皮煮 …… 100g
粉糖 …… 適量

下準備
- 卵白は冷蔵庫でよく冷やしておく。使うボウルごと冷やすとなおよい。
- 栗の渋皮煮は2〜4等分に切る。
- Bを合わせてふるう。
- バットに切り込みを入れたオーブンシート（p.10図参照）を敷く。
- オーブンを180℃に予熱する。

作り方

1　ボウルにAを順に入れ、すぐに泡立て器でよくすり混ぜて乳化させる。

2　メレンゲを作る。別のボウルに冷やした卵白を入れてグラニュー糖を一度に加え、ハンドミキサーの高速で角がピンと立つまで撹拌する。

3　1にBの半量を加え、泡立て器をまっすぐに立てて、混ぜる方向と反対にボウルを回しながら手早く混ぜる。2を半量加え、泡立て器で底からすくい返すようにして、メレンゲが完全に混ざりきらない程度に混ぜる。

4　3に残りのBを加え、ゴムベラに替えて、粉けが少し残る程度まで混ぜる。残りの2を加えて底からすくい返すようにしてむらなく混ぜる。栗の渋皮煮を1/2量加えてさらに混ぜる。

5　バットに4の生地を流し入れ、ゴムベラで生地の表面をならす。この時、対角線状に筋を入れると、火の入り具合と膨らみ方が均等になる。低い位置から台の上にバットを3〜4回落として中の空気を抜く。残りの栗の渋皮煮を表面にちらす。

6　180℃のオーブンで25分ほど焼く。焼き上がったら、バットごと低い位置から台に落とし、焼き縮みを防ぐ。オーブンシートごとバットから取り出し、ケーキクーラーに移す。好みで粉糖をふるう。

Mocha chiffon cake

カフェモカシフォン

隠し味に加えたココアパウダーが
コーヒーの風味をいっそう引き立てて、
ビターで深みのあるシフォンに。
チョコチップの粒が口の中でリズムを生み出します。

材料〔21×17×3cmのバット1台分〕

A
- 卵黄 …… 2個分
- 植物油 …… 30g
- 牛乳 …… 50g
- きび砂糖 …… 60g
- インスタントコーヒー(粉) …… 大さじ1

[メレンゲ]
- 卵白 …… 2個分
- グラニュー糖 …… 20g

B
- 薄力粉 …… 70g
- ココアパウダー …… 5g
- ベーキングパウダー …… 小さじ1/2

チョコチップ …… 40g

下準備
- 卵白は冷蔵庫でよく冷やしておく。使うボウルごと冷やすとなおよい。
- Bを合わせてふるう。
- バットに切り込みを入れたオーブンシート(p.10図参照)を敷く。
- オーブンを180℃に予熱する。

作り方

1 ボウルにAを順に入れ、すぐに泡立て器でよくすり混ぜて乳化させる。

2 メレンゲを作る。別のボウルに冷やした卵白を入れてグラニュー糖を一度に加え、ハンドミキサーの高速で角がピンと立つまで撹拌する。

3 1にBの半量を加え、泡立て器をまっすぐに立てて、混ぜる方向と反対にボウルを回しながら手早く混ぜる。2を半量加え、泡立て器で底からすくい返すようにして、メレンゲが完全に混ざりきらない程度に混ぜる。

4 3に残りのBを加え、ゴムベラに替えて、粉けが少し残る程度まで混ぜる。残りの2を加えて底からすくい返すようにしてむらなく混ぜる。チョコチップを1/2量加えてさらに混ぜる。

5 バットに4の生地を流し入れ、ゴムベラで生地の表面をならす。この時、対角線状に筋を入れると、火の入り具合と膨らみ方が均等になる。低い位置から台の上にバットを3〜4回落として中の空気を抜く。残りのチョコチップを表面にちらす。

6 180℃のオーブンで25分ほど焼く。焼き上がったら、バットごと低い位置から台に落とし、焼き縮みを防ぐ。オーブンシートごとバットから取り出し、ケーキクーラーに移す。

Matcha & hojicha marble chiffon cake

Walnut sweet soy sauce chiffon cake

抹茶とほうじ茶シフォン

Matcha & hojicha marble chiffon cake

生地に加えたほうじ茶と抹茶の三重使いが決め手。
ひと口頬張ると、燻したての茶葉のように、
濃厚な香りが口の中に広がります。

材料〔21×17×3cmのバット1台分〕

A
- 卵黄 …… 2個分
- 植物油 …… 25g
- 牛乳 …… 40g
- きび砂糖 …… 45g

[メレンゲ]
- 卵白 …… 2個分
- グラニュー糖 …… 20g

B
- 薄力粉 …… 70g
- ベーキングパウダー …… 小さじ1/2
- ほうじ茶葉（ティーバッグ）…… 1袋

[抹茶ソース]
- 抹茶 …… 小さじ2
- グラニュー糖 …… 15g
- 水 …… 15g

黒豆 …… 15粒
抹茶 …… 適量

下準備

- 卵白は冷蔵庫でよく冷やしておく。使うボウルごと冷やすとなおよい。
- 黒豆はキッチンペーパーで水けを拭く。
- Bの薄力粉とベーキングパウダーを合わせてふるい、茶葉を袋から出して加えて混ぜる。
- バットに切り込みを入れたオーブンシート（p.10図参照）を敷く。
- オーブンを180℃に予熱する。

作り方

1. 抹茶ソースを作る。ボウルに抹茶とグラニュー糖を入れて泡立て器でよく混ぜる。分量の水を3回に分けて加え、その都度、泡立て器でよく混ぜる（a）。

2. 別のボウルにAを順に入れ、すぐに泡立て器でよくすり混ぜて乳化させる。

3. メレンゲを作る。別のボウルに冷やした卵白を入れてグラニュー糖を一度に加え、ハンドミキサーの高速で角がピンと立つまで撹拌する。

4. 2にBの半量を加え、泡立て器をまっすぐに立てて、混ぜる方向と反対にボウルを回しながら手早く混ぜる。3を半量加え、泡立て器で底からすくい返すようにして、メレンゲが完全に混ざりきらない程度に混ぜる。

5. 4に残りのBを加え、ゴムベラに替えて、粉けが少し残る程度まで混ぜる。残りの3を加えて底からすくい返すようにしてむらなく混ぜる。1を少量残してスプーンでところどころに落とす。マーブル模様になるよう、ゴムベラで2～3回軽く混ぜる。

6. バットに5の生地を流し入れ、ゴムベラで生地の表面をならす。この時、対角線状に筋を入れると、火の入り具合と膨らみ方が均等になる。低い位置から台の上にバットを3～4回落として中の空気を抜く。残りの1をゴムベラで表面のところどころに落とし、スプーンの背でざっと伸ばす（p.21・a.b参照）。黒豆をのせる。

7. 180℃のオーブンで23～25分焼く。焼き上がったら、バットごと低い位置から台に落とし、焼き縮みを防ぐ。オーブンシートごとバットから取り出し、ケーキクーラーに移して粗熱を取る。仕上げに抹茶を茶漉しでふるう。

a

みたらし胡桃シフォン

Walnut sweet soy sauce chiffon cake

香ばしく味わい深いみたらしだれを生地に混ぜ、
表面に2パターンのトッピングを施した
和テイストのシフォンです。
コリコリッとした胡桃もアクセントに。

材料〔21×17×3cmのバット1台分〕

A
- 卵黄 …… 2個分
- みたらしだれ* …… 70g
- 植物油 …… 25g
- 水 …… 10g

[メレンゲ]
- 卵白 …… 2個分
- グラニュー糖 …… 20g

B
- 薄力粉 …… 70g
- ベーキングパウダー …… 小さじ1/2

胡桃(ロースト) …… 30g + 20g

[みたらしだれ*]
- 水 …… 50g
- 砂糖 …… 40g
- しょうゆ …… 小さじ2
- はちみつ …… 小さじ1
- 片栗粉 …… 大さじ1/2

下準備

- 卵白は冷蔵庫でよく冷やしておく。使うボウルごと冷やすとなおよい。
- 胡桃30gは細かく刻む。
- Bを合わせてふるう。
- バットに切り込みを入れたオーブンシート(p.10図参照)を敷く。
- オーブンを180℃に予熱する。

作り方

1. みたらしだれを作る。耐熱容器にみたらしだれの材料を入れ、ゴムベラで混ぜる。電子レンジで50秒ほど加熱してよく混ぜ、さらに40秒ほど加熱してよく混ぜる(a)。70gを計量してAに使い、残りを取り置く。

2. ボウルにAを入れ、すぐに泡立て器でよくすり混ぜて乳化させる。

3. メレンゲを作る。別のボウルに冷やした卵白を入れてグラニュー糖を一度に加え、ハンドミキサーの高速で角がピンと立つまで撹拌する。

4. 2にBの半量を加え、泡立て器をまっすぐに立てて、混ぜる方向と反対にボウルを回しながら手早く混ぜる。3を半量加え、泡立て器で底からすくい返すようにして、メレンゲが完全に混ざりきらない程度に混ぜる。

5. 4に残りのBを加え、ゴムベラに替えて、粉けが少し残る程度まで混ぜる。残りの3を加えて底からすくい返すようにしてむらなく混ぜる。刻んだ胡桃を加えて混ぜる。

6. バットに5の生地を流し入れ、ゴムベラで生地の表面をならす。この時、対角線状に筋を入れると、火の入り具合と膨らみ方が均等になる。低い位置から台の上にバットを3〜4回落として中の空気を抜く。対角線で分けた生地の表面半分に、残りの1をゴムベラでところどころ落とし、スプーンの背でざっと伸ばす(p.21・*a.b*参照)。もう半分には、胡桃20gを手で砕きながらちらす。

7. 180℃のオーブンで25分ほど焼く。焼き上がったら、バットごと低い位置から台に落とし、焼き縮みを防ぐ。オーブンシートごとバットから取り出し、ケーキクーラーに移す。

a

Peanut butter & miso chiffon cake

ピーナッツ味噌シフォン

なつかしいピーナッツ味噌の味が口いっぱいに広がり、
ほんのり加えた白味噌の、和の味わいに癒やされます。
ぷちぷちとした黒ごまの存在感もポイントに。

材料〔21×17×3cmのバット1台分〕

A
- 卵黄 …… 2個分
- 白味噌 …… 20g
- ピーナッツバター …… 30g
- 植物油 …… 20g
- はちみつ …… 20g
- 牛乳 …… 40g
- きび砂糖 …… 20g

[メレンゲ]
- 卵白 …… 2個分
- グラニュー糖 …… 20g

B
- 薄力粉 …… 70g
- ベーキングパウダー …… 小さじ1/2

黒いりごま …… 適量

下準備
- 卵白は冷蔵庫でよく冷やしておく。使うボウルごと冷やすとなおよい。
- Bを合わせてふるう。
- バットに切り込みを入れたオーブンシート（p.10図参照）を敷く。
- オーブンを180℃に予熱する。

作り方

1. ボウルにAを順に入れ、すぐに泡立て器でよくすり混ぜて乳化させる。

2. メレンゲを作る。別のボウルに冷やした卵白を入れてグラニュー糖を一度に加え、ハンドミキサーの高速で角がピンと立つまで撹拌する。

3. 1にBの半量を加え、泡立て器をまっすぐに立てて、混ぜる方向と反対にボウルを回しながら手早く混ぜる。2を半量加え、泡立て器で底からすくい返すようにして、メレンゲが完全に混ざりきらない程度に混ぜる。

4. 3に残りのBを加え、ゴムベラに替えて、粉けが少し残る程度まで混ぜる。残りの2を加えて底からすくい返すようにしてむらなく混ぜる。

5. バットに4の生地を流し入れ、ゴムベラで生地の表面をならす。この時、対角線状に筋を入れると、火の入り具合と膨らみ方が均等になる。低い位置から台の上にバットを3〜4回落として中の空気を抜く。黒ごまを表面にちらす。

6. 180℃のオーブンで25分ほど焼く。焼き上がったら、バットごと低い位置から台に落とし、焼き縮みを防ぐ。オーブンシートごとバットから取り出し、ケーキクーラーに移す。

Red sweet beans & sake flavored chiffon cake

日本酒と甘納豆シフォン

風味豊かな日本酒を生地に加えると、
よりふんわりしっとり、弾力のあるシフォンが生まれます。
甘納豆のほっとする甘さとの相性も抜群。

材料〔21×17×3cmのバット1台分〕

A
- 卵黄 …… 2個分
- 植物油 …… 25g
- 日本酒 …… 40g
- きび砂糖 …… 40g

［メレンゲ］
- 卵白 …… 2個分
- グラニュー糖 …… 20g

B
- 薄力粉 …… 75g
- ベーキングパウダー …… 小さじ1/2

甘納豆 …… 50g
日本酒 …… 大さじ1

下準備

- 卵白は冷蔵庫でよく冷やしておく。使うボウルごと冷やすとなおよい。
- Bを合わせてふるう。
- バットに切り込みを入れたオーブンシート（p.10図参照）を敷く。
- オーブンを180℃に予熱する。

作り方

1. ボウルにAを順に入れ、すぐに泡立て器でよくすり混ぜて乳化させる。

2. メレンゲを作る。別のボウルに冷やした卵白を入れてグラニュー糖を一度に加え、ハンドミキサーの高速で角がピンと立つまで撹拌する。

3. 1にBの半量を加え、泡立て器をまっすぐに立てて、混ぜる方向と反対にボウルを回しながら手早く混ぜる。2を半量加え、泡立て器で底からすくい返すようにして、メレンゲが完全に混ざりきらない程度に混ぜる。

4. 3に残りのBを加え、ゴムベラに替えて、粉けが少し残る程度まで混ぜる。残りの2を加えて底からすくい返すようにしてむらなく混ぜる。甘納豆を1/2量加えてさらに混ぜる。

5. バットに4の生地を流し入れ、ゴムベラで生地の表面をならす。この時、対角線状に筋を入れると、火の入り具合と膨らみ方が均等になる。低い位置から台の上にバットを3〜4回落として中の空気を抜く。残りの甘納豆を表面にのせる。

6. 180℃のオーブンで23〜25分焼く。焼き上がったら、バットごと低い位置から台に落とし、焼き縮みを防ぐ。オーブンシートごとバットから取り出し、ケーキクーラーに移す。熱いうちに、生地の表面に日本酒を刷毛で塗る。

Upside Down

chapter 2

アップサイドダウン

バットで焼き上げたケーキをくるりとひっくり返すことで、
底の部分がケーキの顔になるのが「アップサイドダウンケーキ」。
みずみずしいフルーツなどのうま味をたっぷり吸って、
味わい深く、生地のきめも密な、しっとりとした食感に仕上がります。
バナナやりんご、洋梨などを敷き詰めれば、ケーキをひっくり返すのが楽しみに。

How to make " Orange upside down cake "

Orange upside down cake
Caramel pear chiffon cake
White chocolate cranberry chiffon cake
Pineapple cornmeal chiffon cake
Florentines
"Tarte tatin" style banana chiffon cake
Savarin style chiffon cake
Apple maple chiffon cake
Crème brûlée chiffon cake
Adzuki beans & kinako chiffon cake

How to make
" Orange upside down cake "

オレンジ・アップサイドダウン

ジューシーなオレンジをふんだんに使った
見た目もみずみずしいシフォン。
アップサイドダウンならではの華やかさが魅力。
マーマレードに植物油を加えることでツヤが生まれます。

（完成写真はp.55）

How to make "Orange upside down cake"

1

オレンジマーマレードと植物油を混ぜ、バットの底に広げる。そうすることで、オーブンシートからはがしやすくなる。

2

1にオレンジのスライスを敷き詰める。

3

2にシフォン生地を流し入れ、ゴムベラで生地の表面をならす。この時、中心から対角線状に筋を入れると、火の入り具合と膨らみ方が均等になる。10cmほどの低い位置から台の上にバットを3〜4回落として中の空気を抜く。

材料〔21×17×3cmのバット1台分〕

オレンジ …… 1個
オレンジマーマレード …… 50g
植物油 …… 小さじ1
シフォン生地（p.10〜11・1〜5参照。
　以下の材料で同様に作る）…… 1台分

A
　卵黄 …… 2個分
　植物油 …… 25g
　オレンジジュース …… 60g
　オレンジマーマレード …… 30g
　グラニュー糖 …… 30g
　オレンジの皮のすりおろし …… 1/2個分

［メレンゲ］
　卵白 …… 2個分
　グラニュー糖 …… 20g

B
　薄力粉 …… 75g
　ベーキングパウダー …… 小さじ1/2

下準備
● 卵白は冷蔵庫でよく冷やしておく。使うボウルごと冷やすとなおよい。
● オレンジは4mm厚さに切る。
● Bを合わせてふるう。
● バットにオーブンシート（p.10図参照）を切り込みを入れずに敷く。
● オーブンを180℃に予熱する。

4
180℃のオーブンで25分ほど焼く。焼き上がったら、バットごと10cmほどの低い位置から台に落とし、焼き縮みを防ぐ。バットごとケーキクーラーに移し、10分ほど置いて休ませる。

5
皿などをかぶせ、裏返してバットをはずす。

6
オーブンシートを静かにはがす。

Caramel pear chiffon cake

ポワール
キャラメルシフォン

互いを引き立てる、洋梨とキャラメル。
ふたつを組み合わせると、
洋梨の味わいが、より濃密にくっきりと表現されます。
隙間なくきっちり洋梨を並べ、仕上がりも美しく。

<u>材料</u>〔21×17×3cmのバット1台分〕
洋梨（缶詰・半割のもの）…… 5個
［キャラメルソース］
　　水 …… 20g
　　グラニュー糖 …… 60g
　　湯 …… 15g
植物油 …… 小さじ1
A ｜卵黄 …… 2個分
　｜植物油 …… 25g
　｜洋梨のリキュール …… 大さじ1
　｜水 …… 15g（洋梨のリキュールがない場合は、
　｜　水の分量を25gとする）
　｜グラニュー糖 …… 40g
［メレンゲ］
　　卵白 …… 2個分
　　グラニュー糖 …… 20g
B ｜薄力粉 …… 70g
　｜ベーキングパウダー …… 小さじ1/2
アプリコットジャム …… 大さじ2
レモン果汁 …… 小さじ1

<u>下準備</u>
● 卵白は冷蔵庫でよく冷やしておく。
　使うボウルごと冷やすとなおよい。
● 洋梨は2mm厚さに切り、
　キッチンペーパーで水けをよく拭く。
● Bを合わせてふるう。
● バットにオーブンシート（p.10図参照）を
　切り込みを入れずに敷く。
● オーブンを180℃に予熱する。

<u>作り方</u>

1　キャラメルソースを作る。鍋に分量の水とグラニュー糖を入れて中火にかけ、鍋を回して砂糖を溶かしながら、薄い茶色になるまで焦がす。細かい泡が大きくなったら火を止め、分量の湯を少しずつ加え、鍋を揺すってなじませ、バットに流し入れる。

2　1に植物油を加え、スプーンで混ぜながら広げる（*a*）。植物油が分離したり、全体に広がらなくてもよい。洋梨を裏返してバットの中心から隙間なくならべる（*b*）（*c*）。

3　シフォン生地を作る。ボウルにAを順に入れ、すぐに泡立て器でよくすり混ぜて乳化させる。

4　メレンゲを作る。別のボウルに冷やした卵白を入れてグラニュー糖を一度に加え、ハンドミキサーの高速で角がピンと立つまで撹拌する。

5　3にBの半量を加え、泡立て器をまっすぐに立てて、混ぜる方向と反対にボウルを回しながら手早く混ぜる。4を半量加え、泡立て器で底からすくい返すようにして、メレンゲが完全に混ざりきらない程度に混ぜる。

6　5に残りのBを加え、ゴムベラに替えて、粉けが少し残る程度まで混ぜる。残りの4を加えて底からすくい返すようにしてむらなく混ぜる。

7　2のバットに6の生地を流し入れ、ゴムベラで生地の表面をならす。この時、対角線状に筋を入れると、火の入り具合と膨らみ方が均等になる。低い位置から台の上にバットを3～4回落として中の空気を抜く。

8　180℃のオーブンで30分ほど焼く。焼き上がったら、バットごと低い位置から台に落とし、焼き縮みを防ぐ。バットごとケーキクーラーに移し、10分ほど置いて休ませる。皿などをかぶせ、裏返してバットをはずし、オーブンシートを静かにはがす。

9　耐熱容器にアプリコットジャムとレモン果汁を入れ、よく混ぜて電子レンジで30秒ほど加熱する。8の表面に刷毛で塗る。

a

b

c

White chocolate cranberry chiffon cake

ホワイトチョコと
クランベリーシフォン

ピスタチオなど、色とりどりにちりばめた
トッピングが宝石箱のように華やかなシフォン。
クランベリーに染み込んだ、キルシュが味のまとめ役に。

材料〔21×17×3cmのバット1台分〕

- ドライクランベリー …… 30g
- キルシュ …… 大さじ1
- ピスタチオ …… 30g
- 板チョコレート（ホワイト）…… 30g
- A
  - 卵黄 …… 2個分
  - 植物油 …… 25g
  - 水 …… 30g
  - グラニュー糖 …… 40g
  - バニラオイル …… 少々
- ［メレンゲ］
  - 卵白 …… 2個分
  - グラニュー糖 …… 20g
- B
  - 薄力粉 …… 70g
  - ベーキングパウダー …… 小さじ1/2

下準備

- 卵白は冷蔵庫でよく冷やしておく。使うボウルごと冷やすとなおよい。
- ドライクランベリーは熱湯にくぐらせ、水けをよく拭く。粗く刻み、キルシュに5分ほど漬けておく。
- ピスタチオは粗く刻む。
- 板チョコレートは手で細かく割る。
- Bを合わせてふるう。
- バットに切り込みを入れたオーブンシート（p.10図参照）を敷く。
- オーブンを180℃に予熱する。

作り方

1. バットにピスタチオとクランベリーを漬け汁ごと入れ、板チョコレートをところどころにちらす（a）。

2. シフォン生地を作る。ボウルにAを順に入れ、すぐに泡立て器でよくすり混ぜて乳化させる。

3. メレンゲを作る。別のボウルに冷やした卵白を入れてグラニュー糖を一度に加え、ハンドミキサーの高速で角がピンと立つまで撹拌する。

4. 2にBの半量を加え、泡立て器をまっすぐに立てて、混ぜる方向と反対にボウルを回しながら手早く混ぜる。3を半量加え、泡立て器で底からすくい返すようにして、メレンゲが完全に混ざりきらない程度に混ぜる。

5. 4に残りのBを加え、ゴムベラに替えて、粉けが少し残る程度まで混ぜる。残りの3を加えて底からすくい返すようにしてむらなく混ぜる。

6. 1に5の生地を流し入れ、ゴムベラで生地の表面をならす。この時、対角線状に筋を入れると、火の入り具合と膨らみ方が均等になる。低い位置から台の上にバットを3〜4回落として中の空気を抜く。

7. 180℃のオーブンで23〜25分焼く。焼き上がったら、バットごと低い位置から台に落とし、焼き縮みを防ぐ。オーブンシートごとバットから取り出し、ケーキクーラーに移し、5分ほど置いて休ませる。皿などをかぶせ、裏返してオーブンシートを静かにはがす。

a

パイナップルとコーンミールシフォン

Pineapple cornmeal chiffon cake

コーンミールのプチプチと弾けるような食感と、
ローズマリーをきりりと利かせた
大人の味わいもまた魅力です。
パイナップルとラズベリーが美しい絵模様のよう。

材料〔21×17×3cmのバット1台分〕

- パイナップル（缶詰）…… 7枚
- ラズベリー（生または冷凍）…… 20g
- A
  - 卵黄 …… 2個分
  - 植物油 …… 25g
  - パイナップル缶のシロップ …… 40g
  - グラニュー糖 …… 30g
- コーンミール …… 40g
- ［メレンゲ］
  - 卵白 …… 2個分
  - グラニュー糖 …… 20g
- B
  - 薄力粉 …… 40g
  - ベーキングパウダー …… 小さじ1/2
- ローズマリー …… 小1枝

下準備

- 卵白は冷蔵庫でよく冷やしておく。使うボウルごと冷やすとなおよい。
- パイナップルはキッチンペーパーにはさみ、汁けを軽く絞る。
- ローズマリーの葉は刻む。
- Bを合わせてふるう。
- バットに切り込みを入れたオーブンシート（p.10図参照）を敷く。
- オーブンを180℃に予熱する。

a

作り方

1. バットにパイナップルをならべ、ラズベリー（冷凍なら凍ったまま）を手でほぐしながら、パイナップルの穴の部分と全体にちらす（*a*）。

2. シフォン生地を作る。ボウルにAを順に入れ、すぐに泡立て器でよくすり混ぜて乳化させる。コーンミールを加えてよく混ぜる。

3. メレンゲを作る。別のボウルに冷やした卵白を入れてグラニュー糖を一度に加え、ハンドミキサーの高速で角がピンと立つまで撹拌する。

4. 2にBの半量を加え、泡立て器をまっすぐに立てて、混ぜる方向と反対にボウルを回しながら手早く混ぜる。3を半量加え、泡立て器で底からすくい返すようにして、メレンゲが完全に混ざりきらない程度に混ぜる。

5. 4に残りのBを加え、ゴムベラに替えて、粉けが少し残る程度まで混ぜる。残りの3を加えて底からすくい返すようにしてむらなく混ぜ、ローズマリーの葉を加えて混ぜる。

6. 1に5の生地を流し入れ、ゴムベラで生地の表面をならす。この時、対角線状に筋を入れると、火の入り具合と膨らみ方が均等になる。低い位置から台の上にバットを3〜4回落として中の空気を抜く。

7. 180℃のオーブンで23〜25分焼く。焼き上がったら、バットごと低い位置から台に落とし、焼き縮みを防ぐ。オーブンシートごとバットから取り出し、ケーキクーラーに移して粗熱を取る。皿などをかぶせ、裏返してオーブンシートを静かにはがす。

Florentines

フロランタン

クッキー生地で作る伝統のフランス菓子を、
オレンジがほのかに香るシフォン生地で、
アップサイドダウンに仕立てます。
噛みしめるほどに濃厚なアーモンドもおいしい。

材料〔21×17×3cmのバット1台分〕

[アパレイユ]
- 水 …… 50g
- グラニュー糖 …… 50g
- はちみつ …… 50g
- 生クリーム …… 50g
- 植物油 …… 小さじ1
- スライスアーモンド …… 50g

A
- 卵黄 …… 2個分
- 植物油 …… 25g
- 水 …… 30g
- グラニュー糖 …… 40g
- オレンジの皮のすりおろし …… 1/2個分

[メレンゲ]
- 卵白 …… 2個分
- グラニュー糖 …… 20g

B
- 薄力粉 …… 70g
- ベーキングパウダー …… 小さじ1/2

下準備
- 卵白は冷蔵庫でよく冷やしておく。使うボウルごと冷やすとなおよい。
- スライスアーモンドはフライパンに入れて弱火で乾煎りする。
- Bを合わせてふるう。
- バットにオーブンシート（p.10図参照）を切り込みを入れずに敷く。
- オーブンを180℃に予熱する。

作り方

1 アパレイユを作る。鍋に分量の水とグラニュー糖、はちみつを入れ、中火で5分ほど、鍋を回してグラニュー糖を溶かしながら、半量になるまで煮詰める。細かい泡が大きくなったら火を止め、生クリームを一気に加えて混ぜる（*a*）。弱火にかけ、木ベラでよく混ぜながら1分ほど煮詰めて火からおろし、植物油を加えてよく混ぜる（*b*）。スライスアーモンドを加えてよくからめ（*c*）、熱いうちに、バットにまんべんなく敷き詰める（*d*）。

2 シフォン生地を作る。ボウルにAを順に入れ、すぐに泡立て器でよくすり混ぜて乳化させる。

3 メレンゲを作る。別のボウルに冷やした卵白を入れてグラニュー糖を一度に加え、ハンドミキサーの高速で角がピンと立つまで撹拌する。

4 2にBの半量を加え、泡立て器をまっすぐに立てて、混ぜる方向と反対にボウルを回しながら手早く混ぜる。3を半量加え、泡立て器で底からすくい返すようにして、メレンゲが完全に混ざりきらない程度に混ぜる。

5 4に残りのBを加え、ゴムベラに替えて、粉けが少し残る程度まで混ぜる。残りの3を加えて底からすくい返すようにしてむらなく混ぜる。

6 1に5の生地を流し入れ、ゴムベラで生地の表面をならす。この時、対角線状に筋を入れると、火の入り具合と膨らみ方が均等になる。低い位置から台の上にバットを3〜4回落として中の空気を抜く。

7 180℃のオーブンで25分ほど焼く。焼き上がったら、バットごと低い位置から台に落とし、焼き縮みを防ぐ。オーブンシートごとバットから取り出し、ケーキクーラーに移して粗熱を取る。皿などをかぶせ、裏返してオーブンシートを静かにはがす。

a   *b*
c   *d*

"Tarte tatin" style banana chiffon cake

タタン風
バナナシフォン

バナナをキャラメルでソテーすることで、
味わいに深みが増して、生地との一体感も楽しめます。
火を通しすぎると崩れてしまうので注意して。

材料〔21×17×3cmのバット1台分〕

[バナナのキャラメルソテー]
- 水 …… 20g
- グラニュー糖 …… 60g
- バナナ …… 大3本(正味400g)
- ラム酒 …… 大さじ1

A
- 卵黄 …… 2個分
- 植物油 …… 25g
- 水 …… 25g
- きび砂糖 …… 45g
- バニラオイル …… 少々

[メレンゲ]
- 卵白 …… 2個分
- グラニュー糖 …… 20g

B
- 薄力粉 …… 70g
- ベーキングパウダー …… 小さじ1/2
- シナモンパウダー …… 小さじ1/3

下準備
- 卵白は冷蔵庫でよく冷やしておく。使うボウルごと冷やすとなおよい。
- バナナは皮をむき、縦半分に切る。
- Bを合わせてふるう。
- バットにオーブンシート(p.10図参照)を切り込みを入れずに敷く。
- オーブンを180℃に予熱する。

作り方

1 バナナのキャラメルソテーを作る。フライパンに分量の水とグラニュー糖を入れて中火にかけ、フライパンを回して砂糖を溶かしながら、薄い茶色になるまで焦がす。細かい泡が大きくなったら火を止め、バナナを加える(*a*)。ラム酒を加え、バナナを上下に返しながら強火で2～3分煮からめる(*b*)。皿に取り、粗熱が取れたらバットにならべ、残った煮汁をバットの縁にかけて冷ます(*c*)。

2 シフォン生地を作る。ボウルにAを順に入れ、すぐに泡立て器でよくすり混ぜて乳化させる。

3 メレンゲを作る。別のボウルに冷やした卵白を入れてグラニュー糖を一度に加え、ハンドミキサーの高速で角がピンと立つまで撹拌する。

4 2にBの半量を加え、泡立て器をまっすぐに立てて、混ぜる方向と反対にボウルを回しながら手早く混ぜる。3を半量加え、泡立て器で底からすくい返すようにして、メレンゲが完全に混ざりきらない程度に混ぜる。

5 4に残りのBを加え、ゴムベラに替えて、粉けが少し残る程度まで混ぜる。残りの3を加えて底からすくい返すようにしてむらなく混ぜる。

6 1に5の生地を流し入れ、ゴムベラで生地の表面をならす。この時、対角線状に筋を入れると、火の入り具合と膨らみ方が均等になる。低い位置から台の上にバットを3～4回落として中の空気を抜く。

7 180℃のオーブンで30分ほど焼く。焼き上がったら、バットごと低い位置から台に落とし、焼き縮みを防ぐ。バットごとケーキクーラーに移し、10分ほど置いて休ませる。皿などをかぶせ、裏返してバットをはずし、オーブンシートを静かにはがす。

a

b

c

Savarin style chiffon cake

サバラン風シフォン

フランスの伝統菓子のしっとりとしたおいしさを再現。
ラムレーズン入りの生地にラムシロップをたっぷりと染み込ませ、
さらにグラサージュでツヤを出します。

材料〔21×17×3cmのバット1台分〕

- レーズン …… 80g
- ラム酒 …… 大さじ2
- A
  - 卵黄 …… 2個分
  - 植物油 …… 25g
  - 水 …… 35g
  - きび砂糖 …… 40g
- [メレンゲ]
  - 卵白 …… 2個分
  - グラニュー糖 …… 20g
- B
  - 薄力粉 …… 70g
  - ベーキングパウダー …… 小さじ1/2
- [ラムシロップ]
  - 水 …… 60g
  - きび砂糖 …… 20g
  - ラム酒 …… 大さじ1/2
- [グラサージュ]
  - アプリコットジャム …… 50g
  - 水 …… 20g

下準備

- 卵白は冷蔵庫でよく冷やしておく。
  使うボウルごと冷やすとなおよい。
- レーズンは熱湯にくぐらせ、水けを拭き、
  ラム酒をふっておく。
- 耐熱容器にラムシロップの材料を入れ、
  電子レンジで1分ほど加熱する。
- Bを合わせてふるう。
- バットに切り込みを入れた
  オーブンシート（p.10図参照）を敷く。
- オーブンを180℃に予熱する。

作り方

1. シフォン生地を作る。ボウルにAを順に入れ、すぐに泡立て器でよくすり混ぜて乳化させる。ラム酒をふったレーズンを漬け汁ごと加えてよく混ぜる。

2. メレンゲを作る。別のボウルに冷やした卵白を入れてグラニュー糖を一度に加え、ハンドミキサーの高速で角がピンと立つまで撹拌する。

3. 1にBの半量を加え、泡立て器をまっすぐに立てて、混ぜる方向と反対にボウルを回しながら手早く混ぜる。2を半量加え、泡立て器で底からすくい返すようにして、メレンゲが完全に混ざりきらない程度に混ぜる。

4. 3に残りのBを加え、ゴムベラに替えて、粉けが少し残る程度まで混ぜる。残りの2を加えて底からすくい返すようにしてむらなく混ぜる。

5. バットに4の生地を流し入れ、ゴムベラで生地の表面をならす。この時、対角線状に筋を入れると、火の入り具合と膨らみ方が均等になる。低い位置から台の上にバットを3～4回落として中の空気を抜く。

6. 180℃のオーブンで23～25分焼く。オーブンシートごとバットから取り出し、表面にラムシロップを刷毛で塗る。ケーキクーラーに移し、5分ほど置いて休ませる。皿などをかぶせ、裏返してオーブンシートを静かにはがす。表面と側面にラムシロップを塗る。

7. 耐熱容器にグラサージュの材料を入れ、電子レンジで50秒ほど加熱する。熱いうちに、6の表面に刷毛で塗る（*a*）。

a

アップルメープルシフォン

Apple maple chiffon cake

皮ごと薄く輪切りにしたりんごの表情が愛らしい。
りんごはソテーせずに生地と一緒に焼くので、
フレッシュな風味が生きています。
ビジュアルも美しく、女性同士の集まりにも喜ばれそう。

材料〔21×17×3cmのバット1台分〕

- りんご …… 1/2個（正味100g）
- レモン果汁 …… 小さじ2
- メープルシロップ …… 40g
- A
  - 卵黄 …… 2個分
  - 植物油 …… 25g
  - 水 …… 25g
  - きび砂糖 …… 40g
  - バニラオイル …… 少々

［メレンゲ］
- 卵白 …… 2個分
- グラニュー糖 …… 20g

- B
  - 薄力粉 …… 70g
  - ベーキングパウダー …… 小さじ1/2
  - シナモンパウダー …… 小さじ1/3

下準備

- 卵白は冷蔵庫でよく冷やしておく。使うボウルごと冷やすとなおよい。
- りんごは皮ごと3mm厚さの輪切りにし、種を除く。色止めにレモン果汁をふって、5分ほど置き、キッチンペーパーで水けを拭く。
- Bを合わせてふるう。
- バットにオーブンシート（p.10図参照）を切り込みを入れずに敷く。
- オーブンを180℃に予熱する。

作り方

1. バットにメープルシロップを入れて広げ、バットの中心からりんごをならべる（*a*）（*b*）。

2. シフォン生地を作る。ボウルにAを順に入れ、すぐに泡立て器でよくすり混ぜて乳化させる。

3. メレンゲを作る。別のボウルに冷やした卵白を入れてグラニュー糖を一度に加え、ハンドミキサーの高速で角がピンと立つまで撹拌する。

4. 2にBの半量を加え、泡立て器をまっすぐに立てて、混ぜる方向と反対にボウルを回しながら手早く混ぜる。3を半量加え、泡立て器で底からすくい返すようにして、メレンゲが完全に混ざりきらない程度に混ぜる。

5. 4に残りのBを加え、ゴムベラに替えて、粉けが少し残る程度まで混ぜる。残りの3を加えて底からすくい返すようにしてむらなく混ぜる。

6. 1に5の生地を流し入れ、ゴムベラで生地の表面をならす。この時、対角線状に筋を入れると、火の入り具合と膨らみ方が均等になる。低い位置から台の上にバットを3〜4回落として中の空気を抜く。

7. 180℃のオーブンで30分ほど焼く。焼き上がったら、バットごと低い位置から台に落とし、焼き縮みを防ぐ。バットごとケーキクーラーに移し、10分ほど置いて休ませる。皿などをかぶせ、裏返してバットをはずし、オーブンシートを静かにはがす。好みでメープルシロップ（分量外）をかける。

a

b

Crème brûlée chiffon cake

クレームブリュレシフォン

卵黄と生クリームをプラスしたリッチな生地の上に、
キャラメルソースをたっぷり染み込ませました。
ソースだけ作れば、あとはシンプルなレシピです。

材料〔21×17×3cmのバット1台分〕

[キャラメルソース]
　水 …… 20g
　グラニュー糖 …… 60g
　湯 …… 15g
植物油 …… 小さじ1
A｜卵黄 …… 3個分
　｜生クリーム …… 60g
　｜水 …… 小さじ1
　｜グラニュー糖 …… 50g
　｜バニラオイル …… 少々
[メレンゲ]
　卵白 …… 2個分
　グラニュー糖 …… 20g
B｜薄力粉 …… 65g
　｜ベーキングパウダー …… 小さじ1/2

下準備
- 卵白は冷蔵庫でよく冷やしておく。使うボウルごと冷やすとなおよい。
- Bを合わせてふるう。
- バットにオーブンシート（p.10図参照）を切り込みを入れずに敷く。
- オーブンを180℃に予熱する。

作り方

1. キャラメルソースを作る。鍋に分量の水とグラニュー糖を入れて中火にかけ、鍋を回して砂糖を溶かしながら、薄い茶色になるまで焦がす。細かい泡が大きくなったら火を止め、分量の湯を少しずつ加え、鍋を揺すってなじませ、バットに流し入れる。

2. 1に植物油を加え、スプーンで混ぜながら広げる（p.59・a参照）。植物油が分離したり、全体に広がらなくてもよい。

3. シフォン生地を作る。ボウルにAを順に入れ、すぐに泡立て器でよくすり混ぜて乳化させる。

4. メレンゲを作る。別のボウルに冷やした卵白を入れてグラニュー糖を一度に加え、ハンドミキサーの高速で角がピンと立つまで撹拌する。

5. 3にBの半量を加え、泡立て器をまっすぐに立てて、混ぜる方向と反対にボウルを回しながら手早く混ぜる。4を半量加え、泡立て器で底からすくい返すようにして、メレンゲが完全に混ざりきらない程度に混ぜる。

6. 5に残りのBを加え、ゴムベラに替えて、粉けが少し残る程度まで混ぜる。残りの4を加えて底からすくい返すようにしてむらなく混ぜる。

7. 2に6の生地を流し入れ、ゴムベラで生地の表面をならす。この時、対角線状に筋を入れると、火の入り具合と膨らみ方が均等になる。低い位置から台の上にバットを3〜4回落として中の空気を抜く。

8. 180℃のオーブンで23〜25分焼く。焼き上がったら、バットごと低い位置から台に落とし、焼き縮みを防ぐ。オーブンシートごとバットから取り出し、ケーキクーラーに移し、5分ほど置いて休ませる。皿などをかぶせ、裏返してオーブンシートを静かにはがす。

Adzuki beans & kinako chiffon cake

小豆ときな粉シフォン

きな粉入りの和テイストの生地に、
ゆで小豆を一缶分、丸ごとのせたら、和菓子のよう。
新たなおいしさを発見できます。
やわらかく泡立てた生クリームを添えても美味。

<u>材料</u>〔21×17×3cmのバット1台分〕

ゆで小豆 …… 1缶(200g)

A
- 卵黄 …… 2個分
- 植物油 …… 25g
- 水 …… 30g
- グラニュー糖 …… 40g

[メレンゲ]
- 卵白 …… 2個分
- グラニュー糖 …… 20g

B
- 薄力粉 …… 60g
- きな粉 …… 20g
- ベーキングパウダー …… 小さじ1/2

<u>下準備</u>
- 卵白は冷蔵庫でよく冷やしておく。使うボウルごと冷やすとなおよい。
- Bを合わせてふるう。
- バットに切り込みを入れたオーブンシート(p.10図参照)を敷く。
- オーブンを180℃に予熱する。

<u>作り方</u>

1 バットにゆで小豆を入れ、スプーンでまんべんなく広げる(a)。

2 シフォン生地を作る。ボウルにAを順に入れ、すぐに泡立て器でよくすり混ぜて乳化させる。

3 メレンゲを作る。別のボウルに冷やした卵白を入れてグラニュー糖を一度に加え、ハンドミキサーの高速で角がピンと立つまで撹拌する。

4 2にBの半量を加え、泡立て器をまっすぐに立てて、混ぜる方向と反対にボウルを回しながら手早く混ぜる。3を半量加え、泡立て器で底からすくい返すようにして、メレンゲが完全に混ざりきらない程度に混ぜる。

5 4に残りのBを加え、ゴムベラに替えて、粉けが少し残る程度まで混ぜる。残りの3を加えて底からすくい返すようにしてむらなく混ぜる。

6 1に5の生地を流し入れ、ゴムベラで生地の表面をならす。この時、対角線状に筋を入れると、火の入り具合と膨らみ方が均等になる。低い位置から台の上にバットを3～4回落として中の空気を抜く。

7 180℃のオーブンで23～25分焼く。焼き上がったら、バットごと低い位置から台に落とし、焼き縮みを防ぐ。オーブンシートごとバットから取り出し、ケーキクーラーに移し、5分ほど置いて休ませる。皿などをかぶせ、裏返してオーブンシートを静かにはがす。

a

column

リッチな
生地を楽しむ

スクエアシフォン生地の配合に
ちょっとアレンジを利かせて、ガトーショコラやフィナンシェ、ザッハトルテを表現しました。
チョコレートやココアパウダー、抹茶、アーモンドパウダーなどを
さらに練り込んだ、またひと味違う、
リッチな生地のおいしさを楽しみましょう。

a
ガトーショコラ
Gâteau au chocolat

b
抹茶ガトーショコラ
Gâteau au chocolat matcha

c
ライトフィナンシェ
Light financiers

d
ザッハトルテ
Sachertorte

a

Gâteau au chocolat

ガトーショコラ

生地をふんわり、しっとり仕上げるため、
たっぷり砂糖を入れた強いメレンゲを加えました。
粉糖でおめかしして、ショコラのおいしさを堪能して。

材料〔21×17×3cmのバット1台分〕

- 製菓用チョコレート（スイート）…… 80g
- 牛乳 …… 40g
- 植物油 …… 40g
- 卵黄 …… 2個分
- ［メレンゲ］
  - 卵白 …… 2個分
  - グラニュー糖 …… 50g
- A
  - 薄力粉 …… 50g
  - ココアパウダー …… 10g
  - ベーキングパウダー …… 小さじ1/2
- 粉糖 …… 適量

下準備

- 卵白は冷蔵庫でよく冷やしておく。使うボウルごと冷やすとなおよい。
- チョコレートは細かく刻む。
- Aを合わせてふるう。
- バットに切り込みを入れたオーブンシート（p.10図参照）を敷く。

作り方

1. 耐熱容器にチョコレートを入れ、電子レンジで1分ほど加熱して完全に溶かす。別の耐熱容器に牛乳を入れ電子レンジで30秒ほど、沸騰直前まで加熱する。チョコレートをボウルに移し、牛乳を少しずつ加えながら、泡立て器でよく混ぜて乳化させる。植物油を少しずつ加えながら、その都度、泡立て器でよく混ぜる。卵黄を加え、さらによく混ぜて乳化させる。オーブンを180℃に予熱する。

2. メレンゲを作る。別のボウルに冷やした卵白を入れて、ハンドミキサーの中速で泡立てる。白っぽく泡立ったら、グラニュー糖を2～3回に分けて加え、ハンドミキサーの高速で角がピンと立つまで撹拌する。

3. 1にAの半量を加え、泡立て器をまっすぐに立てて、混ぜる方向と反対にボウルを回しながら手早く混ぜる。2を半量加え、泡立て器で底からすくい返すようにして、メレンゲが完全に混ざりきらない程度に混ぜる。

4. 3に残りのAを加え、ゴムベラに替えて、粉けが少し残る程度まで混ぜる。残りの2を加えて底からすくい返すようにしてむらなく混ぜる。

5. バットに4の生地を流し入れ、ゴムベラで生地の表面をならす。この時、対角線状に筋を入れると、火の入り具合と膨らみ方が均等になる。低い位置から台の上にバットを3～4回落として中の空気を抜く。

6. 180℃のオーブンで23～25分焼く。焼き上がったら、バットごと低い位置から台に落とし、焼き縮みを防ぐ。オーブンシートごとバットから取り出し、ケーキクーラーに移して粗熱を取る。仕上げに茶漉しで粉糖をふるう。

b

Gâteau au chocolat matcha

抹茶ガトーショコラ

抹茶とホワイトチョコ入りの生地は、断面の緑色が鮮やか。
まず、ホワイトチョコと生クリームでチョコクリームを作り、
残りの材料を加えて口溶けのよい仕上がりに。

材料〔21×17×3cmのバット1台分〕

- 製菓用チョコレート（ホワイト）…… 60g
- 生クリーム（乳脂肪分35〜38%）…… 60g
- 抹茶 …… 小さじ2
- 植物油 …… 20g
- 卵黄 …… 2個分
- グラニュー糖 …… 30g
- ［メレンゲ］
  - 卵白 …… 2個分
  - グラニュー糖 …… 20g
- A ｜薄力粉 …… 60g
  ｜ベーキングパウダー …… 小さじ1/2
- 抹茶（仕上げ用）…… 適量

下準備

- 卵白は冷蔵庫でよく冷やしておく。使うボウルごと冷やすとなおよい。
- チョコレートは細かく刻む。
- 生地用の抹茶をふるう。
- Aを合わせてふるう。
- バットに切り込みを入れたオーブンシート（p.10図参照）を敷く。

作り方

1 耐熱容器にチョコレートを入れ、電子レンジで40秒ほど加熱して完全に溶かす。別の耐熱容器に生クリームを入れ、電子レンジで30秒ほど、沸騰直前まで加熱する。チョコレートをボウルに移し、生クリームを少しずつ加えながら、その都度、泡立て器でよく混ぜて乳化させる。抹茶を加えてよく混ぜ、植物油を少しずつ加えながら、その都度、泡立て器でよく混ぜる。卵黄、グラニュー糖を順に加え、さらによく混ぜて乳化させる。オーブンを180℃に予熱する。

2 メレンゲを作る。別のボウルに冷やした卵白を入れてグラニュー糖を一度に加え、ハンドミキサーの高速で角がピンと立つまで撹拌する。

3 1にAの半量を加え、泡立て器をまっすぐに立てて、混ぜる方向と反対にボウルを回しながら手早く混ぜる。2を半量加え、泡立て器で底からすくい返すようにして、メレンゲが完全に混ざりきらない程度に混ぜる。

4 3に残りのAを加え、ゴムベラに替えて、粉けが少し残る程度まで混ぜる。残りの2を加えて底からすくい返すようにしてむらなく混ぜる。

5 バットに4の生地を流し入れ、ゴムベラで生地の表面をならす。この時、対角線状に筋を入れると、火の入り具合と膨らみ方が均等になる。低い位置から台の上にバットを3〜4回落として中の空気を抜く。

6 180℃のオーブンで25分ほど焼く。焼き上がったら、バットごと低い位置から台に落とし、焼き縮みを防ぐ。オーブンシートごとバットから取り出し、ケーキクーラーに移して粗熱を取る。仕上げに茶漉しで抹茶をふるう。

c

Light financiers

ライトフィナンシェ

アーモンドの風味豊かな「フィナンシェ」のイメージはそのままに、
リッチさを大事にしながらメレンゲで軽やかな口当たりに。
おもてなしの演出として、小さめな菱形にカットしてもお洒落。

材料〔21×17×3cmのバット1台分〕

A
- 卵白 …… 2個分
- きび砂糖 …… 60g
- はちみつ …… 10g
- 植物油 …… 40g
- プレーンヨーグルト …… 20g
- バニラオイル …… 少々

アーモンドパウダー …… 30g

[メレンゲ]
- 卵白 …… 2個分
- グラニュー糖 …… 20g

B
- 薄力粉 …… 70g
- ベーキングパウダー …… 小さじ1/2

下準備

- メレンゲ用の卵白は冷蔵庫でよく冷やしておく。使うボウルごと冷やすとなおよい。
- アーモンドパウダーをふるう。
- Bを合わせてふるう。
- バットに切り込みを入れたオーブンシート(p.10図参照)を敷く。
- オーブンを180℃に予熱する。

作り方

1. ボウルにAを順に入れ、すぐに泡立て器でよくすり混ぜて乳化させ、アーモンドパウダーを加えて混ぜる。

2. メレンゲを作る。別のボウルに冷やした卵白を入れてグラニュー糖を一度に加え、ハンドミキサーの高速で角がピンと立つまで撹拌する。

3. 1にBの半量を加え、泡立て器をまっすぐに立てて、混ぜる方向と反対にボウルを回しながら手早く混ぜる。2を半量加え、泡立て器で底からすくい返すようにして、メレンゲが完全に混ざりきらない程度に混ぜる。

4. 3に残りのBを加え、ゴムベラに替えて、粉けが少し残る程度まで混ぜる。残りの2を加えて底からすくい返すようにしてむらなく混ぜる。

5. バットに4の生地を流し入れ、ゴムベラで生地の表面をならす。この時、対角線状に筋を入れると、火の入り具合と膨らみ方が均等になる。低い位置から台の上にバットを3〜4回落として中の空気を抜く。

6. 180℃のオーブンで23〜25分焼く。焼き上がったら、バットごと低い位置から台に落とし、焼き縮みを防ぐ。オーブンシートごとバットから取り出し、ケーキクーラーに移す。

d
Sachertorte
ザッハトルテ

オーストリア・ウィーンの銘菓「ザッハトルテ」をシフォンで再現。
シフォン生地を凝縮したリッチな食感に仕立てるため、
チョコを練り込み、水分は少なめの配合に。
グラサージュと合わせたときの口溶けにも一体感が生まれます。

材料〔21×17×3cmのバット1台分〕

A
- グラニュー糖 …… 40g
- ココアパウダー …… 10g
- 植物油 …… 20g
- プレーンヨーグルト …… 20g
- 卵黄 …… 2個分
- 製菓用チョコレート（スイート）…… 60g

アーモンドパウダー …… 20g

[メレンゲ]
- 卵白 …… 2個分
- グラニュー糖 …… 20g

B
- 薄力粉 …… 50g
- ベーキングパウダー …… 小さじ1/2

[グラサージュ]
- 製菓用チョコレート（スイート）…… 70g
- 粉糖 …… 40g
- 水 …… 30g

下準備
- 卵白は冷蔵庫でよく冷やしておく。使うボウルごと冷やすとなおよい。
- Aのチョコレートは細かく刻み、耐熱容器に入れ、電子レンジで50秒ほど加熱して完全に溶かす。
- ココアパウダー、アーモンドパウダー、粉糖をそれぞれふるう。
- Bを合わせてふるう。
- バットに切り込みを入れたオーブンシート（p.10図参照）を敷く。
- オーブンを180℃に予熱する。

作り方

1 ボウルにAのグラニュー糖とココアパウダーを入れ、泡立て器でよく混ぜる。残りのAの材料を順に入れ、すぐに泡立て器でよくすり混ぜて乳化させ、アーモンドパウダーを加えて混ぜる。

2 メレンゲを作る。別のボウルに冷やした卵白を入れてグラニュー糖を一度に加え、ハンドミキサーの高速で角がピンと立つまで撹拌する。

3 1にBの半量を加え、泡立て器をまっすぐに立てて、混ぜる方向と反対にボウルを回しながら手早く混ぜる。2を半量加え、泡立て器で底からすくい返すようにして、メレンゲが完全に混ざりきらない程度に混ぜる。

4 3に残りのBを加え、ゴムベラに替えて、粉けが少し残る程度まで混ぜる。残りの2を加えて底からすくい返すようにしてむらなく混ぜる。

5 バットに4の生地を流し入れ、ゴムベラで生地の表面をならす。この時、対角線状に筋を入れると、火の入り具合と膨らみ方が均等になる。低い位置から台の上にバットを3～4回落として中の空気を抜く。

6 180℃のオーブンで20分ほど焼く。オーブンシートごとバットから取り出し、ケーキクーラーに移して完全に冷ます。

7 グラサージュを作る。グラサージュ用のチョコレートを細かく刻み、耐熱容器に入れ、電子レンジで1分ほど加熱して完全に溶かす。粉糖を加えて泡立て器でよく混ぜる。分量の水を4～5回に分けて加え、その都度、泡立て器でよく混ぜる。グラサージュを6の表面にかけ（*a*）、パレットナイフで全体に塗る（*b*）。

a

b

Decoration

chapter 3

デコレーション

スクエアシフォンケーキにお洒落なデコレーションを施せば、
おもてなしのデザートにもふさわしい、素敵なオリジナルケーキに。
クリームをサンドしたり、トッピングしたり、シロップを含ませたり……。
グラサージュなどの上掛けは、ケーキの乾燥を防ぎつつ、おいしさもキープ。
シフォン生地がとっても軽やかだから、ペロリと食べられます。

How to make "Forêt noire"

Forêt noire
Carrot apricot chiffon cake
Week-end
Lemon cake
Victoria sandwich chiffon cake
Rum-raisin chiffon cake, apple caramel sauce

>>
How to make
" *Forêt noire* "

How to make "Forêt noire"

フォレノワール

ココアベースのシフォン生地に、
少しゆるめに立てたふんわりクリーム、ダークチェリーを飾る、
ドイツ南西部の森林地帯"黒い森"にちなんだケーキ。
チョコレートソースとキルシュが香る、大人の味。

（完成写真はp.83）

1

スモアと同様に生地を作り、板チョコレートとマシュマロをのせずに焼く。台の上に焼き目を下に置き、ブレッドナイフを生地の中央に水平に差し入れ、前後に動かしながら2枚にスライスする。

2

下側の生地を台にのせ、キルシュをふったチェリーをならべる。

3

ホイップクリームを作る。ボウルにAを入れ、ボウルの底を氷水に当てながら泡立て器で混ぜ、八分立てにする。2にホイップクリームを半量弱のせ、パレットナイフで全体に塗る。

材料〔21×17×3cmのバット1台分〕

スモア生地（p.27参照、板チョコレートと
　マシュマロを使わずに作る）……1台分
［ホイップクリーム］
　　　生クリーム（乳脂肪分35〜38％）……200g
　A　グラニュー糖……20g
　　　キルシュ……小さじ1
ダークチェリー（缶詰）……1缶（約400g）
キルシュ……小さじ1
［ガナッシュ］
　製菓用チョコレート（スイート）……30g
　牛乳……15g
　植物油……小さじ1/4

下準備

● ダークチェリーはキッチンペーパーで、水けをよく拭く。
　形のよいもの7〜10粒を飾り用に取り置き、残りにキルシュをふる。
● チョコレートは細かく刻む。

4

3に上側の生地をのせ、残りのホイップクリームをパレットナイフで表面全体に塗る。冷蔵庫に入れて15分ほど冷やし、ホイップクリームを落ち着かせる。

5

ガナッシュを作る。耐熱容器にチョコレートを入れ、電子レンジで40秒ほど加熱して完全に溶かす。別の耐熱容器に牛乳を入れ、電子レンジで20秒ほど、沸騰直前まで加熱する。チョコレートに少しずつ加えながら、その都度、泡立て器でよく混ぜて乳化させる。植物油を加え、泡立て器でよく混ぜる。スプーンで4にかける。

6

5に飾り用のダークチェリーをのせる。

Carrot apricot chiffon cake

キャロット
アプリコットシフォン

口に入れた途端、スーッと溶けるほどに軽やかな
サワークリーム入りのホイップが、
にんじんとアプリコット生地のおいしさを引き上げます。
ホイップはパレットナイフでふわりとのせる感覚で塗って。

材料〔21×17×3cmのバット1台分〕

- A
  - 卵黄 …… 2個分
  - 植物油 …… 25g
  - にんじん …… 1本（正味80g）
  - プレーンヨーグルト …… 15g
  - きび砂糖 …… 40g
- ドライアプリコット …… 50g
- ［メレンゲ］
  - 卵白 …… 2個分
  - グラニュー糖 …… 20g
- B
  - 薄力粉 …… 70g
  - ベーキングパウダー …… 小さじ2/3
  - シナモンパウダー …… 小さじ1/2
- ココナッツファイン …… 30g
- ［サワーホイップクリーム］
- C
  - サワークリーム …… 30g
  - 生クリーム（乳脂肪分35〜38％）…… 90g
  - グラニュー糖 …… 小さじ2

下準備

- 卵白は冷蔵庫でよく冷やしておく。使うボウルごと冷やすとなおよい。
- にんじんは皮をむき、すりおろす。
- ドライアプリコットは1cm角に刻む。
- Bを合わせてふるう。
- バットに切り込みを入れたオーブンシート（p.10図参照）を敷く。
- オーブンを180℃に予熱する。

作り方

1. ボウルにAを順に入れ、すぐに泡立て器でよくすり混ぜて乳化させる。ドライアプリコットを加えて混ぜる。

2. メレンゲを作る。別のボウルに冷やした卵白を入れてグラニュー糖を一度に加え、ハンドミキサーの高速で角がピンと立つまで撹拌する。

3. 1にBの半量を加え、泡立て器をまっすぐに立てて、混ぜる方向と反対にボウルを回しながら手早く混ぜる。2を半量加え、泡立て器で底からすくい返すようにして、メレンゲが完全に混ざりきらない程度に混ぜる。

4. 3に残りのBを加え、ゴムベラに替えて、粉けが少し残る程度まで混ぜる。残りの2を加えて底からすくい返すようにしてむらなく混ぜる。ココナッツファインを加えてよく混ぜる。

5. バットに4の生地を流し入れ、ゴムベラで生地の表面をならす。この時、対角線状に筋を入れると、火の入り具合と膨らみ方が均等になる。低い位置から台の上にバットを3〜4回落として中の空気を抜く。

6. 180℃のオーブンで25分ほど焼く。焼き上がったら、バットごと低い位置から台に落とし、焼き縮みを防ぐ。オーブンシートごとバットから取り出し、ケーキクーラーに移して完全に冷ます。オーブンシートを静かにはがす。

7. サワーホイップクリームを作る。ボウルにCを入れ、ボウルの底を氷水に当てながら泡立て器で混ぜ、九分立てにする。

8. 6を台の上にのせ、7をパレットナイフで表面全体にランダムに塗る（*a*）。

a

ウィークエンド

レモンの苦味と酸味をやわらげる
アプリコットジャムをアップサイドダウンに。
ケーキの表面にアイシングを施すことで、
生地に含ませたレモンの風味を贅沢に閉じ込めます。

材料〔21×17×3cmのバット1台分〕

- アプリコットジャム …… 30g
- 植物油 …… 小さじ1
- レモン …… 1と1/2個
- A
  - 卵黄 …… 2個分
  - 植物油 …… 25g
  - プレーンヨーグルト …… 20g
  - レモン果汁 …… 20g
  - グラニュー糖 …… 50g
  - レモンの皮のすりおろし …… 1/2個分
- [メレンゲ]
  - 卵白 …… 2個分
  - グラニュー糖 …… 20g
- B
  - 薄力粉 …… 70g
  - ベーキングパウダー …… 小さじ1/2
- [アイシング]
  - 粉糖 …… 40g
  - レモン果汁 …… 小さじ1
  - 水 …… 小さじ1

下準備

- 卵白は冷蔵庫でよく冷やしておく。使うボウルごと冷やすとなおよい。
- レモンは2mm厚さにスライスし、12〜13枚分用意する。
- Bを合わせてふるう。
- バットにオーブンシート(p.10図参照)を切り込みを入れずに敷く。
- オーブンを180℃に予熱する。

作り方

1. アプリコットジャムと植物油を混ぜ合わせ、バットの底に広げる。レモンのスライスをならべる(*a*)。

2. シフォン生地を作る。ボウルにAを順に入れ、すぐに泡立て器でよくすり混ぜて乳化させる。

3. メレンゲを作る。別のボウルに冷やした卵白を入れてグラニュー糖を一度に加え、ハンドミキサーの高速で角がピンと立つまで撹拌する。

4. 2にBの半量を加え、泡立て器をまっすぐに立てて、混ぜる方向と反対にボウルを回しながら手早く混ぜる。3を半量加え、泡立て器で底からすくい返すようにして、メレンゲが完全に混ざりきらない程度に混ぜる。

5. 4に残りのBを加え、ゴムベラに替えて、粉けが少し残る程度まで混ぜる。残りの3を加えて底からすくい返すようにしてむらなく混ぜる。

6. 1のバットに5の生地を流し入れ、ゴムベラで生地の表面をならす。低い位置から台の上にバットを3〜4回落として中の空気を抜く。

7. 180℃のオーブンで25〜27分焼く。焼き上がったら、バットごとケーキクーラーに移し、10分ほど置いて休ませる。皿などをかぶせ、裏返してバットをはずし、オーブンシートを静かにはがす。

8. アイシングを作る。ボウルに粉糖を入れ、レモン果汁と分量の水を加えてとろりとするまで混ぜる。固ければ水(分量外)を少量ずつ加えてよく混ぜる。7にアイシングをかけ、パレットナイフで表面全体に塗る(*b*)。

9. 210℃のオーブンで3分ほど焼いて表面を乾かし、ケーキクーラーに移す。

a　　*b*

Lemon cake

レモンケーキ

そのおいしさに感動した、長崎のお菓子屋さんの
レモンケーキからヒントを得たレシピです。
レモンと、アプリコットジャム入りの甘酸っぱい生地を
ホワイトチョコを使ったガナッシュシトロンで包みます。

材料〔21×17×3cmのバット1台分〕

- アプリコットジャム …… 30g
- レモン果汁 …… 小さじ1
- 植物油 …… 小さじ1
- A
  - 卵黄 …… 2個分
  - 植物油 …… 25g
  - プレーンヨーグルト …… 20g
  - レモン果汁 …… 20g
  - グラニュー糖 …… 50g
  - レモンの皮のすりおろし …… 1/2個分
- ［メレンゲ］
  - 卵白 …… 2個分
  - グラニュー糖 …… 20g
- B
  - 薄力粉 …… 70g
  - ベーキングパウダー …… 小さじ1/2
- ［ガナッシュシトロン］
  - 製菓用チョコレート（ホワイト）…… 80g
  - 生クリーム（乳脂肪分35～38%）…… 40g
  - レモン果汁 …… 小さじ1
- レモンの皮（飾り用）…… 適量

下準備

- 卵白は冷蔵庫でよく冷やしておく。使うボウルごと冷やすとなおよい。
- ホワイトチョコレートは細かく刻む。
- Bを合わせてふるう。
- バットにオーブンシート（p.10図参照）を切り込みを入れずに敷く。
- オーブンを180℃に予熱する。

作り方

1. アプリコットジャム、レモン果汁、植物油を混ぜ合わせ、バットの底に広げる（a）。

2. シフォン生地を作る。ボウルにAを順に入れ、すぐに泡立て器でよくすり混ぜて乳化させる。

3. メレンゲを作る。別のボウルに冷やした卵白を入れてグラニュー糖を一度に加え、ハンドミキサーの高速で角がピンと立つまで撹拌する。

4. 2にBの半量を加え、泡立て器をまっすぐに立てて、混ぜる方向と反対にボウルを回しながら手早く混ぜる。3を半量加え、泡立て器で底からすくい返すようにして、メレンゲが完全に混ざりきらない程度に混ぜる。

5. 4に残りのBを加え、ゴムベラに替えて、粉けが少し残る程度まで混ぜる。残りの3を加えて底からすくい返すようにしてむらなく混ぜる。

6. 1のバットに5の生地を流し入れ、ゴムベラで生地の表面をならす。低い位置から台の上にバットを3～4回落として中の空気を抜く。

7. 180℃のオーブンで23～25分焼く。焼き上がったら、バットごと低い位置から台に落とし、焼き縮みを防ぐ。オーブンシートごとバットから取り出し、ケーキクーラーに移し、5分ほど置いて休ませる。皿などをかぶせ、裏返してオーブンシートを静かにはがす。

8. ガナッシュシトロンを作る。耐熱容器にチョコレートを入れ、電子レンジで40秒ほど加熱して完全に溶かす。別の耐熱容器に生クリームを入れ、電子レンジで30秒ほど、沸騰直前まで加熱する。生クリームを少しずつ加えながら、その都度、泡立て器でよく混ぜて乳化させる。レモン果汁を加えてよく混ぜる。

9. 7の表面が乾いたら台の上にのせ、8をかけ（b）、パレットナイフで表面全体に塗る（c）。レモンの皮をピーラーでむいて飾る。

a

b

c

Victoria sandwich chiffon cake

マシュマロジャムサンド

イギリスで古くから親しまれている
「ヴィクトリアサンドイッチ」をイメージし、
甘酸っぱいラズベリージャムをサンドしました。
ふかふかしたシフォンの間からマシュマロがあふれます。

材料〔21×17×3cmのバット1台分〕
基本のバニラスクエアシフォン生地（p.10～11・*1*～*7*参照）…… 1台分
ラズベリージャム …… 70g
マシュマロ（中）…… 16個（約70g）
粉糖 …… 適量

作り方

1 基本のバニラスクエアシフォンと同様に生地を作り、焼き目を下にして台にのせる。ブレッドナイフを生地の中央に水平に差し入れ、前後に動かしながら2枚にスライスする。

2 耐熱皿に下側の生地をのせ、断面にラズベリージャムを塗り、マシュマロをならべる（*a*）。

a

3 2を電子レンジで1分30秒ほど加熱する。マシュマロが膨らむまで、10秒単位で加熱し、膨らんだら取り出して上側の生地をのせて軽く押さえる（*b*）。仕上げに茶漉しで粉糖をふるう。

b

Rum-raisin chiffon cake, apple caramel sauce

ラムレーズンシフォンの
キャラメルりんごソース

りんごを1個まるごと加えた、こっくりと濃厚なキャラメルソースを
デコレーションした、リッチなラムレーズンシフォン。
プディングのような口溶けのよさに驚きます。

材料〔21×17×3cmのバット1台分〕

サバラン風シフォン生地
　（p.69・*1〜6*参照）…… 1台分
[キャラメルりんごソース]
　グラニュー糖 …… 50g
　バター（食塩不使用）…… 10g
　りんご …… 1個
　バニラビーンズ …… 1/4本
　シナモンパウダー …… 少々
　ラム酒 …… 小さじ1
　生クリーム（乳脂肪分35〜38％）…… 100g

下準備

- りんごは皮をむいて縦16等分のくし形に切り、芯を取る。
- バニラビーンズは縦半分に切り、種をこそげ取る。飾り用にさやを残しておく。

作り方

1　キャラメルりんごソースを作る。フライパンにグラニュー糖を入れて中火にかけ、フライパンを回してグラニュー糖を溶かしながら、薄い茶色になるまで焦がす。バターを加えて溶かし、細かい泡が大きくなったら火を止め、りんごを加える。りんごを表裏に返しながら中火で2〜3分炒めたら、蓋をして弱火で5分ほど煮からめる。

a

2　りんごがしんなりとしたら、バニラビーンズ、シナモンパウダー、ラム酒を加えてよく混ぜる（*a*）。生クリームを加えて中火で4〜5分煮からめ、とろみをつける（*b*）。バットに空けて粗熱を取る。

3　サバラン風シフォンと同様に生地を作り、焼き目を下にして皿にのせる。*2*のりんごをのせてソースを回しかけ、バニラビーンズのさやを飾る。

b

吉川 文子（よしかわふみこ）

お菓子研究家。洋菓子教室「Kouglof」主宰。1999年「きょうの料理大賞」にてお菓子部門賞受賞。藤野真紀子氏、近藤冬子氏らに師事。フランス伝統菓子をベースに新たなエッセンスを加えながら、手軽に作れておいしいレシピを研究。著書に『もうひとつ食べたくなる軽やかな焼き菓子』（家の光協会）、『バターなしでおいしい パイとタルト』『バターなしでおいしい ケーキとマフィン』（小社）、『クラウドブレッド』（朝日新聞出版）など多数。

撮影 ── 宮濱祐美子
デザイン ── 高橋 良（chorus）
編集・スタイリング ── 花沢理恵
料理名英訳 ── 長峯千香代
校正 ── ヴェリタ
プリンティングディレクション ── 佐野正幸（図書印刷）

協力 ── LT shop　03-3401-0302
　　　　オルネド フォイユ　03-3499-0140
　　　　ジョイント（リーノ・エ・リーナ、ベルトッツィ）　03-3723-4270

材料提供 ── cuoca（クオカ）　0570-00-1417　10:00〜18:00
　　　　　　http://www.cuoca.com

ふんわり、しっとり！
アップサイドダウンやデコレーションも
バットでつくる スクエア シフォンケーキ
NDC596

2016年11月19日　発行

著　者　　吉川文子
発行者　　小川雄一
発行所　　株式会社 誠文堂新光社
　　　　　〒113-0033　東京都文京区本郷3-3-11
　　　　　（編集）電話03-5800-3614
　　　　　（販売）電話03-5800-5780
　　　　　http://www.seibundo-shinkosha.net/

印刷・製本　図書印刷 株式会社

©2016, Fumiko Yoshikawa　Printed in Japan
検印省略　禁・無断転載　落丁・乱丁本はお取り替え致します。

本書のコピー、スキャン、デジタル化等の無断複製は、著作権法上での例外を除き、禁じられています。本書を代行業者等の第三者に依頼してスキャンやデジタル化することは、たとえ個人や家庭内での利用であっても著作権法上認められません。

本書に掲載された記事の著作権は著者に帰属します。これらを無断で使用し、展示・販売・レンタル・講習会などを行うことを禁じます。

囲〈日本複製権センター委託出版物〉本書を無断で複写複製（コピー）することは、著作権法上の例外を除き、禁じられています。本書をコピーされる場合は、事前に日本複製権センター（JRRC）の許諾を受けてください。
JRRC〈http://www.jrrc.or.jp/　E-mail: jrrc_info@jrrc.or.jp　電話03-3401-2382〉

ISBN978-4-416-71658-8